RECETAS SABROSAS

Cocina china

Jenny Stacey

Copyright © 2003 de la edición española:
Parragon
Traducción del inglés: Montserrat Ribas
para Equipo de Edición, S.L., Barcelona
Redacción y maquetación:
Equipo de Edición, S.L., Barcelona

Impreso en China

ISBN: 1-40541-451-0

Nota

Una cucharada equivale a 15 ml. Si no se indica otra cosa,
la leche será entera, los huevos, de tamaño medio (nº 3),
y la pimienta, pimienta negra molida.

Las recetas que llevan huevo crudo o muy poco cocido
no son indicadas para los niños muy pequeños,
los ancianos, las mujeres embarazadas, las personas
convalecientes y cualquiera que sufra alguna enfermedad.

Sumario

Introducción

En Occidente tendemos a generalizar cuando hablamos de "cocina china". De hecho, China es un país enorme, con una gran diversidad topográfica y climatológica que produce notables diferencias regionales.

Este libro contiene recetas que son populares tanto en China como en Occidente. Los platos de Sichuan, en el oeste; Cantón, en el sur; Pekín, en el norte, y Shanghai, en el este, ofrecen un variado abanico de sabores y métodos de cocción. Las recetas de este libro incluyen desde platos picantes y especiados hasta delicadas preparaciones de pescado y verduras, pasando por platos agridulces, arroz, fideos y postres.

Una de las características más destacadas de la cocina china es la textura. Las verduras tienen que estar crujientes, y el arroz y los fideos deben quedar al dente, como nuestra pasta. En China, algunos ingredientes, como el tofu, se utilizan sobre todo para aportar textura, aunque no tengan mucho sabor. Los habituales tallos de bambú prácticamente sólo aportan textura a los platos.

Aunque los chinos cocinan con productos frescos, tampoco descartan los alimentos secos, en especial setas, tofu, fideos y especias.

MÉTODOS DE COCCIÓN

Los chinos suelen combinar varios métodos de cocción para elaborar un plato, como por ejemplo al vapor y frito, o frito y asado, pero eso no complica demasiado las cosas.

La cocción al vapor es un método muy utilizado en la cocina china. Tradicionalmente se utilizan vaporeras de bambú, que se pueden apilar unas sobre otras para obtener una comida entera.

Por lo general, el arroz se coloca en la parte inferior, y encima se van apilando los otros platos, por orden de requerimiento de tiempo de cocción. Si no dispone de vaporera, improvise una encajando un plato refractario boca abajo en el interior de una cazuela grande con agua hirviendo hasta un tercio, y tapándola. Puede que tenga que añadir un poco más de agua durante la cocción, aunque la mayoría de los platos se cuecen con rapidez. Este método de cocción es muy saludable, pues no se añade ningún tipo de grasa, y conserva el sabor de los alimentos.

El salteado se lleva a cabo en un wok, que se debe calentar antes de usarlo. Los alimentos, cortados todos en trocitos de tamaño similar, se remueven constantemente, para que entren en contacto por igual con el wok y se de manera rápida y homogénea. A veces, los alimentos se saltean en tandas y se van sacando del wok. Esto sirve para conservar los sabores. Al final de la cocción, siempre se mezclan todos los ingredientes, y a veces se añade alguna salsa durante o al final de la cocción, según la región de la que sea originaria la receta. Por lo general, en China se utiliza aceite de cacahuete para saltear, pero se puede sustituir por cualquier aceite vegetal.

El wok también sirve para freír, y esto se hace con menos aceite que en una freidora. La forma del wok facilita que el aceite se escurra de los alimentos y vaya hacia la parte central. Muchas veces, los alimentos se maceran previamente, o se rebozan con una pasta fina. Una característica de la cocina china es freír ciertos alimentos (como los fideos) sólo por un lado, sin darles la vuelta, o bien darles la vuelta una vez y cortarlos en rodajas antes de servirlos.

Aceite de sésamo *Se elabora con semillas de sésamo tostadas y tiene un sabor intenso. Se quema con facilidad, y por eso se añade justo al final de la cocción, para añadir sabor, pero no se utiliza para freír.*

Anís estrellado *Es una vaina en forma de estrella de ocho puntas, con un intenso sabor a anís. También se vende molido. Si se añade una vaina a un plato, hay que retirarla antes de servirlo.*

Brotes de soja *Son los tallos de las habichuelas mung. Son muy nutritivos, y contienen muchas vitaminas. Aportan un toque crujiente a los platos y se encuentran con facilidad. No se deben cocer en exceso.*

Castañas de agua *Son planas y redondas, y por lo general sólo se encuentran enlatadas. De sabor dulzón, aportan un delicioso toque crujiente a los platos.*

Col china *Tiene las hojas alargadas de color verde pálido, y es dulce. Se encuentra fácilmente en la mayoría de los supermercados.*

Fideos *Los chinos utilizan muchas variedades de fideos. Le será más fácil utilizar las variedades secas, que se encuentran en los supermercados. Los fideos al huevo son amarillos; los fideos finos de arroz, son blancos y muy delgados, y los fideos transparentes, que son opacos cuando están secos, se vuelven transparentes al cocerlos. Puede que no le resulte fácil encontrarlos, así que los puede sustituir por fideos de celofán o de arroz.*

Habichuelas amarillas *Son habas de soja de color amarillo, y muy saladas.*

Habichuelas negras *Son habas de soja de color oscuro, muy saladas. Puede comprarlas trituradas con sal y enjuagarlas, o ya en forma de salsa.*

Judías verdes chinas *Alargadas y muy tiernas, se pueden comer enteras. Se pueden sustituir por las judías verdes finas normales.*

Lichis *Merece la pena comprarlos frescos, pues son fáciles de preparar. En el interior de la piel, que no es comestible, se encuentra el aromático fruto blanco. Puede encontrarlos enlatados, y son uno de los ingredientes chinos más clásicos.*

Mango *Escoja un mango maduro, de pulpa dulce y aromática. Si cuando lo compra todavía no está del todo maduro, déjelo en un lugar soleado unos días.*

Mezcla china de 5 especias *Una mezcla aromática de canela, clavo, anís estrellado, hinojo y pimienta de Sichuan. Se suele utilizar para los adobos.*

Pak choi *Otro tipo de col china, tiene un sabor suave y ligeramente amargo.*

Pimienta de Sichuan *De sabor bastante intenso y picante, hay que utilizarla con precaución. Si se utiliza en grano, se debe retirar antes de servir.*

Salsa de ostras *Se encuentra fácilmente, y es una salsa de color marrón hecha con ostras, sal, condimentos y harina de maíz.*

Salsa de soja *Se encuentra en cualquier tienda, pero merece la pena comprar una buena marca. Existen dos variedades: clara y oscura. La clara se utiliza para pescados y verduras, y tiene un color más claro y un sabor más suave. La oscura es más densa, salada y de sabor más intenso; se utiliza como salsa para mojar o con carnes de sabor fuerte.*

Salsa hoisin *Es una salsa de color marrón oscuro, dulzona y densa, que se encuentra con facilidad. Se elabora con especias, salsa de soja, ajo y guindilla, y se suele servir como salsa para mojar.*

Tallos de bambú *Se añaden a los platos sobre todo por su textura. Se venden enlatados y son un ingrediente habitual de la cocina china.*

Tofu *Es una pasta de habas de soja que se encuentra en varias formas. En este libro se utiliza el que se vende en bloques, suave y esponjoso, y de un color blanco grisáceo. Es muy tierno, pero aporta textura a los platos y es perfecto para absorber los demás sabores del plato.*

Vinagre de arroz *Tiene un sabor suave y dulzón, bastante delicado. Lo encontrará en algunos supermercados, pero en un caso de apuro puede sustituirlo por vinagre de sidra.*

Vino de arroz *Es parecido al jerez seco en color, contenido alcohólico y aroma, pero será preferible utilizar el vino de arroz, por su característico sabor.*

Sopas y entrantes

En China, las sopas no se suelen servir al inicio de la comida, sino entre platos, para aclarar el paladar: es frecuente que las familias chinas pongan en la mesa una sopera grande con una sopa ligera al mismo tiempo que los demás platos. Las sopas de este capítulo ofrecen toda una gama de sabores y texturas. Hay sopas espesas, consomés ligeros y sopas con wonton, que les aporta vistosidad y sabor. Estas sopas se pueden tomar como parte de un almuerzo o solas, como tentempié; en cualquier caso, resultan deliciosas.

Los entrantes que se incluyen en este capítulo son una combinación de platos clásicos y tradicionales chinos, y seguro que entre ellos encontrará algo adecuado para cada ocasión. Una de las ventajas de estos platos es que se pueden preparar y cocinar con antelación. En lugar de servir una gran ración de un solo entrante, ofrezca pequeñas tapas de varios de ellos, como una especie de entremés surtido. Pero recuerde que no debe juntar más de un plato del mismo tipo de alimento, y que tiene que escoger los ingredientes por su armonía y equilibrio en cuanto a color, aroma, sabor y textura.

Sopa ligera de pollo y huevo

Para 4 personas

INGREDIENTES

1 cucharadita de sal
1 cucharada de vinagre de vino
    de arroz
4 huevos
850 ml de caldo de pollo

1 puerro cortado
    en rodajas
125 g de ramitos de brécol
125 g de pollo cocido cortado
    en tiras finas

2 champiñones grandes cortados
    en láminas
1 cucharada de jerez seco
1 chorrito de salsa de guindilla
guindilla en polvo, para decorar

1 En una cazuela grande, lleve agua a ebullición; añada la sal y el vinagre de vino de arroz. Baje la temperatura y, con cuidado, rompa los huevos en el agua, de uno en uno. Escálfelos durante 1 minuto. Retire los huevos escalfados con una espumadera y resérvelos.

2 En otra cazuela, caliente el caldo hasta que hierva. Añada el puerro, el brécol, el pollo, los champiñones y el jerez, y sazone al gusto con salsa de guindilla. Déjelo cocer 10-15 minutos.

3 Añada a la sopa los huevos escalfados, y deje cocer 2 minutos más. Con cuidado, reparta la sopa y los huevos entre 4 boles individuales. Espolvoree con un poco de guindilla en polvo y sírvala inmediatamente.

SUGERENCIA

Si lo prefiere, utilice 4 setas chinas secas, rehidratadas según las instrucciones del paquete, en lugar de los champiñones que indica la receta.

VARIACIÓN

Si lo desea, puede sustituir el pollo por 125 g de carne de cangrejo fresca o de lata, o gambas congeladas cocidas.

Sopa de pollo y maíz dulce al curry

Para 4 personas

INGREDIENTES

1 lata de 175 g de maíz dulce, escurrido

850 g de caldo de pollo

350 g de carne magra de pollo cocida, cortada en tiras

16 mazorquitas de maíz

1 cucharadita de curry chino en polvo

1 trozo de jengibre fresco de 1 cm, rallado

3 cucharadas de salsa de soja clara

2 cucharadas de cebollino picado

1 Ponga el maíz en una picadora, con 150 ml del caldo de pollo, y tritúrelo hasta obtener un puré fino.

2 Pase el puré de maíz por un colador y presione bien con el dorso de una cuchara para eliminar las cáscaras.

3 Vierta el resto del caldo en una cazuela grande, y añada las tiras de pollo cocido. Incorpore el puré de maíz.

4 Añada las mazorquitas y llévelo a ebullición. Deje hervir la sopa 10 minutos.

5 Agregue el curry en polvo, el jengibre y la salsa de soja, y cuézalo 10-15 minutos. Añada el cebollino.

6 Sirva la sopa en boles calientes.

SUGERENCIA

Puede preparar la sopa hasta con 24 horas de antelación, sin el pollo. Deje que se enfríe, tápela y guárdela en la nevera. Añada el pollo y caliéntela bien antes de servirla.

Sopa agria y picante

Para 4 personas

INGREDIENTES

2 cucharadas de harina de maíz

4 cucharadas de agua

2 cucharadas de salsa de soja clara

3 cucharadas de vinagre de vino de arroz

1/2 cucharadita de pimienta negra molida

1 guindilla roja pequeña fresca, finamente picada

1 huevo

2 cucharadas de aceite vegetal

1 cebolla picada

850 ml de consomé de pollo o de carne

1 champiñón grande, cortado en láminas

50 g de pechuga de pollo sin piel, cortada en tiras muy delgadas

1 cucharadita de aceite de sésamo

1 Deslía la harina de maíz en el agua para formar una pasta fina. Añada la salsa de soja, el vinagre de vino de arroz, la pimienta y la guindilla, y mezcle bien.

2 Rompa el huevo en un bol aparte, y bátalo.

3 Caliente un wok en seco, vierta el aceite, caliéntelo y saltee la cebolla durante 1-2 minutos.

4 Agregue el consomé, el champiñón y el pollo, y llévelo a ebullición. Cuézalo 15 minutos o hasta que el pollo esté tierno.

5 Vierta la mezcla de harina de maíz en la sopa y cuézala, removiendo, hasta que se espese.

6 Mientras espesa, vaya vertiendo poco a poco chorritos de huevo, para formar tiras.

7 Rocíe la sopa con el aceite de sésamo y sírvala de inmediato.

SUGERENCIA

Vierta el huevo muy lentamente y de manera continua, para que se formen hilos, pero en ningún caso grumos.

Sopa de pato de Pekín

Para 4 personas

INGREDIENTES

125 g de carne magra de
pechuga de pato
225 g de col china
850 ml de caldo de pollo o
de pavo
2 dientes de ajo chafados

1 cucharada de jerez seco o vino
de arroz
1 cucharada de salsa de soja
clara
una pizca de anís estrellado
molido

1 cucharada de semillas de
sésamo
1 cucharadita de aceite de
sésamo
1 cucharada de perejil picado

1 Quite la piel de la
pechuga de pato y corte
la carne en dados pequeños.

2 Con un cuchillo afilado,
corte las hojas de la col
china en tiras finas.

3 En una cazuela, lleve
el caldo a ebullición.

4 Agregue el jerez o el vino
de arroz, la salsa de soja,
los dados de pechuga de pato
y las tiras de col china, y
mézclelo todo bien.
Baje la temperatura
y cuézalo a fuego suave
durante 15 minutos.

5 Añada el ajo y el anís
estrellado, y cuézalo a
fuego lento durante otros
10-15 minutos, o hasta
que el pato esté tierno.

6 Tueste las semillas de
sésamo en una sartén
de base gruesa o un wok
precalentado, sin dejar de
remover.

7 Retire las semillas de
la sartén y agréguelas a
la sopa, junto con el aceite
de sésamo y el perejil.

8 Sirva la sopa en cuencos
individuales calientes.

SUGERENCIA

*Si no encuentra col china,
utilice algún otro tipo de col
verde, pero entonces tal vez
deberá utilizar menos
cantidad, pues la col
occidental tiene un sabor
y un olor más intensos
que la china.*

Sopa de fideos con buey y verduras

Para 4 personas

INGREDIENTES

225 g de carne magra de buey
1 diente de ajo chafado
2 cebolletas picadas
3 cucharadas de salsa de soja
1 cucharadita de aceite
de sésamo

225 g de fideos al huevo
850 ml de caldo de carne
3 mazorquitas de maíz cortadas
en rodajas
1/2 puerro cortado en tiras
finas

125 g de brécol cortado
en ramitos
una pizca de guindilla en polvo

1 Con un cuchillo afilado, corte la carne en tiras finas. Póngalas en un cuenco de vidrio poco hondo.

2 Añada el ajo, la cebolleta, la salsa de soja y el aceite de sésamo, y mezcle bien, removiendo para que la carne se impregne por todas partes. Cúbrala y déjela macerar en la nevera durante 30 minutos.

3 Cueza los fideos en agua hirviendo durante unos 3-4 minutos. Escúrralos bien y resérvelos.

4 Ponga el caldo de carne en una cazuela grande, y llévelo a ebullición.

5 Incorpore la carne con su adobo, las mazorquitas, el puerro y el brécol. Cúbralo y cuézalo a fuego suave durante 7-10 minutos, o hasta que la carne y las verduras estén tiernas y cocidas.

6 Agregue los fideos y la guindilla en polvo, y cueza la sopa otros 2-3 minutos. Sírvala de inmediato, en cuencos individuales calientes.

SUGERENCIA

Puede variar las verduras según las que tenga a mano. Puede sustituir la guindilla en polvo por unas gotas de salsa de guindilla, pero recuerde que pica mucho.

Sopa de arroz y cordero

Para 4-6 personas

INGREDIENTES

150 g de carne magra
de cordero

50 g de arroz

850 ml de caldo
de cordero

1 puerro cortado en rodajas

1 diente de ajo cortado
en láminas finas

2 cucharaditas de salsa de soja
clara

1 cucharadita de vinagre de vino
de arroz

1 champiñón mediano cortado
en láminas finas

sal

1 Con un cuchillo afilado, recorte el exceso de grasa de la carne y córtela en tiras delgadas. Resérvela.

2 En una cazuela grande, lleve agua ligeramente salada a ebullición y añada el arroz. Cuando el agua vuelva a hervir, remueva una vez, baje la temperatura y cueza el arroz 10-15 minutos, hasta que esté tierno. Escúrralo, aclárelo con agua fría y vuelva a escurrirlo. Reserve.

3 Mientras tanto, ponga el caldo de cordero en una cazuela grande y llévelo a ebullición.

4 Incorpore las tiras de carne, el puerro, el ajo, la salsa de soja y el vinagre de vino de arroz. Cuando vuelva a hervir, baje la temperatura, cúbralo y cuézalo a fuego lento durante 10 minutos o hasta que la carne esté tierna y totalmente cocida.

5 Añada las láminas de champiñón y el arroz, y cueza la sopa otros 2-3 minutos o hasta que el champiñón esté cocido.

6 Sirva la sopa en seguida, en boles individuales calientes.

SUGERENCIA

Puede sustituir el champiñón por unas cuantas setas chinas secas, remojadas según las instrucciones del envase, y picadas. Añádalas al mismo tiempo que la carne, en el paso 4.

Sopa de pescado con wonton

Para 4 personas

INGREDIENTES

125 g de gambas grandes
    cocidas, peladas
1 cucharadita de cebollino
    picado
1 diente de ajo pequeño,
    finamente picado
1 cucharada de aceite vegetal
12 láminas para *wonton*

1 huevo pequeño batido
850 ml de caldo de pescado
175 g de filete de pescado
    blanco, cortado en dados
un chorrito de salsa de guindilla
rodajas de guindilla roja fresca
    y cebollino, para decorar

1 Pique un cuarto de las gambas en trozos gruesos, y mézclelos con el cebollino y el ajo picados.

2 Caliente el aceite en un wok precalentado, y saltee la mezcla de gambas 1-2 minutos. Retírelo del fuego y deje que se enfríe.

3 Extienda las láminas de *wonton* sobre una superficie de trabajo. Con una cuchara, deposite un poco de relleno en el centro de cada una. Pinte los bordes con huevo batido y frúnzalos hacia arriba, para darles forma de hatillo. Resérvelos aparte mientras prepara la sopa.

4 Vierta el caldo de pescado en una cazuela grande y llévelo a ebullición. Añada los dados de pescado y el resto de las gambas, y cuézalo durante 5 minutos.

5 Sazone al gusto con la salsa de guindilla. Incorpore los *wonton* y cueza la sopa otros 5 minutos. Sírvala de inmediato, en cuencos individuales calientes, adornada con rodajitas de guindilla y cebollino.

VARIACIÓN

Si lo desea, o para variar, sustituya las gambas por carne de cangrejo cocida.

Sopa de cangrejo y jengibre

Para 4 personas

INGREDIENTES

1 zanahoria picada	1 trozo de jengibre fresco de	sal y pimienta
1 puerro picado	2,5 cm, rallado	
1 hoja de laurel	1 cucharadita de salsa de soja	
850 ml de caldo	clara	
de pescado	1/2 cucharadita de anís estrellado	
2 cangrejos medianos cocidos	molido	

1 Ponga la zanahoria, el puerro, la hoja de laurel y el caldo en una cazuela grande, y llévelo a ebullición. Baje la temperatura, cúbralo y cuézalo a fuego suave 10 minutos, o hasta que las verduras estén casi tiernas.

2 Mientras tanto, extraiga la carne de los cangrejos: rompa las pinzas y las articulaciones, y vaya sacándola (tal vez necesitará un tenedor o un pincho de cocina). Incorpore la carne de cangrejo en la cazuela de la sopa.

3 Añada el jengibre, la salsa de soja y el anís. Cueza 10 minutos a fuego lento, hasta que las verduras estén tiernas y la carne de cangrejo, caliente. Salpimente.

4 Sirva la sopa de inmediato, en cuencos calientes, adornada con las pinzas de cangrejo.

SUGERENCIA

Si no encuentra cangrejo fresco, utilice carne de cangrejo enlatada o congelada.

SUGERENCIA

Para preparar el cangrejo cocido, desprenda la carne del caparazón golpeando la parte inferior con el puño. Colóquelo de lado con el caparazón hacia usted. Separe el caparazón haciendo fuerza con los pulgares. Retuerza las patas y las pinzas y retire la carne. Retuerza la cola y deséchela. Retire y deseche las barbas. Corte el cuerpo por la mitad por el centro y retire la carne. Saque la carne oscura del caparazón con una cuchara.

Sopa de empanadillas de gamba

Para 4 personas

INGREDIENTES

EMPANADILLAS:	RELLENO:	1 tallo de apio picado
150 g de harina	125 g de carne de cerdo picada	1 cucharada de salsa de soja
50 ml de agua hirviendo	125 g de gambas cocidas, peladas	clara
25 ml de agua fría	y picadas	
1½ cucharadita de aceite	50 g de castañas de agua	SOPA:
vegetal	enlatadas, escurridas,	850 ml de caldo de pescado
	enjuagadas y picadas	50 g de fideos de celofán
	1 cucharadita de harina	1 cucharada de jerez seco
	de maíz	cebollino picado, para decorar
	1 cucharada de aceite	
	de sésamo	

1 Para las empanadillas, mezcle la harina, el agua hirviendo, el agua fría y el aceite en un bol, hasta obtener una pasta elástica.

2 Amásela sobre una superficie de trabajo enharinada durante 5 minutos. Corte la pasta en 16 porciones iguales.

3 Extienda las porciones de pasta con el rodillo de cocina, en redondeles de 7,5 cm de diámetro.

4 Mezcle todos los ingredientes del relleno.

5 Reparta relleno entre los redondeles. Frunza los bordes de la pasta hacia arriba, para darles forma de hatillo. Retuérzalos para sellarlos.

6 En una cazuela grande, lleve el caldo a ebullición.

7 Ponga los fideos, las empanadillas y el jerez en la cazuela y cueza la sopa 4-5 minutos, hasta que los fideos y las empanadillas estén tiernos. Adorne y sirva.

SUGERENCIA

Para ganar tiempo, utilice láminas para wonton preparadas.

Sopa de col china

Para 4 personas

INGREDIENTES

450 g de *pak choi*

600 ml de caldo de verduras

1 cucharada de vinagre de vino
de arroz

1 cucharada de azúcar lustre

1 cucharada de salsa de soja
clara

1 cucharada de jerez seco

1 guindilla roja fresca, cortada
en rodajitas

1 cucharada de harina de maíz

2 cucharadas de agua

1 Elimine los tallos de la col y corte las hojas en tiras finas.

2 Caliente el caldo en una cazuela grande. Añada la col y cuézala 10-15 minutos.

3 Mezcle el vinagre de vino de arroz con la salsa de soja, el azúcar y el jerez. Vierta la mezcla en el caldo, y añada las rodajitas de guindilla. Cuando hierva, baje la temperatura y cueza la sopa 2-3 minutos.

4 Deslía la harina de maíz en el agua para formar una pasta suave. Incorpórela en la sopa poco a poco. Cuézala, sin dejar de remover, hasta que se espese. Deje que hierva 4-5 minutos más. Vierta la sopa en cuencos individuales calientes y sírvala de inmediato.

VARIACIÓN

Hierva unas 2 cucharadas de arroz en agua con sal. Escúrralo y póngalo en la base de los cuencos. Vierta la sopa sobre el arroz y sírvala inmediatamente.

SUGERENCIA

El pak choi, que también se conoce como bok choi o col de cuchara, tiene unos tallos largos y blancos y unas hojas verdes en forma de cuchara. Se pueden encontrar distintas variedades, que difieren en tamaño pero no en sabor.

Rollitos de primavera

Para 6-8 personas

INGREDIENTES

175 g de carne de cerdo cocida y picada
75 g de pollo cocido y picado
1 cucharadita de salsa de soja clara
1 cucharadita de azúcar moreno claro
1 cucharadita de aceite de sésamo

1 cucharadita de aceite vegetal
225 g de brotes de soja
25 g de tallos de bambú de lata, escurridos, enjuagados y picados
1 pimiento verde, sin semillas y picado
2 cebolletas cortadas en rodajas
1 cucharadita de harina de maíz

2 cucharaditas de agua
aceite vegetal, para freír

PASTA PARA LOS ROLLITOS:
125 g de harina de trigo
5 cucharadas de harina de maíz
450 ml de agua
3 cucharadas de aceite vegetal

1 Mezcle la carne de cerdo y la de pollo con la salsa de soja, el azúcar y el aceite de sésamo. Cúbralo y déjelo macerar 30 minutos. Caliente el aceite vegetal en un wok. Saltee los brotes de soja con el bambú, el pimiento y las cebolletas durante unos 2-3 minutos. Añada la carne y el adobo al wok y saltee otros 2-3 minutos. Deslía la harina de maíz en el agua y agregue la mezcla al wok. Deje que se enfríe.

2 Para preparar la pasta para los rollitos, mezcle la harina de trigo con la de maíz y, gradualmente, añada el agua, hasta obtener una pasta suave. Caliente un poco de aceite en una sartén pequeña. Deposite 1/8 de la pasta en la sartén y cuézala 2-3 minutos. Repita con el resto de la pasta. Cubra las obleas con un paño humedecido.

3 Extienda las obleas y deposite 1/8 parte del

relleno sobre cada una. Pinte los bordes con agua, doble los lados hacia dentro y enróllelas.

4 Caliente el aceite en un wok a 180 °C. Fría los rollitos en tandas, durante 2-3 minutos o hasta que estén dorados y crujientes. Retírelos del wok con una espumadera y deje que se escurran sobre papel absorbente. Sírvalos bien calientes.

Dim sum de cerdo

Para 4 personas

INGREDIENTES

400 g de carne de cerdo picada
2 cebolletas picadas
50 g de tallos de bambú de lata,
    escurridos, enjuagados
    y picados

1 cucharada de salsa de soja clara
1 cucharada de jerez seco
2 cucharaditas de aceite
    de sésamo
2 cucharaditas de azúcar lustre

1 clara de huevo ligeramente
    batida
4¹/₂ cucharaditas de harina
    de maíz
24 láminas para *wonton*

1 En un cuenco, mezcle la carne picada con la cebolleta, el bambú, la salsa de soja, el jerez, el aceite de sésamo, el azúcar y la clara de huevo batida.

2 Añada la harina de maíz y remueva para mezclar bien todos los ingredientes.

3 Extienda las láminas de *wonton* sobre una superficie de trabajo. Deposite una cucharada de relleno de carne y verduras en el centro de cada lámina, y pinte ligeramente los bordes con agua.

4 Frunza los lados hacia arriba y júntelos en el centro, pellizcándolos para que no se separen.

5 Forre una vaporera con un paño de cocina limpio y humedecido, y coloque los *wonton* en el interior. Cúbralos y cuézalos al vapor durante 5-7 minutos, hasta que estén hechos. Sírvalos de inmediato.

SUGERENCIA

Las vaporeras de bambú están diseñadas para que descansen sobre un wok con agua en el fondo. Se venden en varios tamaños.

VARIACIÓN

Utilice gambas o carne de pollo o de cangrejo picada para el relleno, junto con algún otro tipo de verdura, como zanahoria picada, y condimentos como guindilla o jengibre, si así lo desea.

Wonton de cangrejo crujientes

Para 4 personas

INGREDIENTES

175 g de carne blanca de
cangrejo, desmenuzada
50 g de castañas de agua
de lata, escurridas,
enjuagadas
y picadas
1 cebolleta picada

1 guindilla roja pequeña fresca,
picada
1 cucharada de harina
de maíz
1 cucharadita de jerez seco
1 cucharadita de salsa de soja
clara

$1/2$ cucharadita de zumo
de lima
24 láminas para wonton
aceite vegetal, para freír
rodajas de lima, para adornar

1 Para hacer el relleno,
mezcle la carne de
cangrejo con las castañas de
agua, la guindilla, la cebolleta,
la harina de maíz, el jerez, la
salsa de soja y el zumo de
lima.

2 Extienda las láminas
para wonton sobre una
superficie de trabajo, y
deposite una cucharada de
relleno en el centro de cada
una de ellas.

3 Humedezca los bordes
de la pasta con un poco
de agua y dóblelos para

formar triángulos. Doble los
dos extremos puntiagudos
hacia el centro, humedezca
con un poco de agua y
júntelos, pellizcando,
para sellarlos.

4 Caliente el aceite para
freír en un wok o en una
freidora, a unos 180-190 °C,
o hasta que un dado de pan
se dore en 30 segundos. Fría
los wonton en tandas, durante
2-3 minutos, hasta que estén
dorados y crujientes. Retírelos
del aceite y colóquelos sobre
sobre papel de cocina para
que se escurran.

5 Sirva los wonton bien
calientes, adornados
con rodajas de lima.

SUGERENCIA

*Las láminas para wonton,
que se venden en las tiendas
chinas, son cuadrados de
pasta fina como el papel,
elaborada con harina de trigo
y huevo. Se estropean con
facilidad, y se deben
manipular con cuidado.
Compruebe que estén bien
cerradas para evitar que se
salga el relleno al freírlas.*

Empanadillas de pollo fritas y al vapor

Para 4 personas

INGREDIENTES

EMPANADILLAS:

175 g de harina

una pizca de sal

3 cucharadas de aceite vegetal

6-8 cucharadas de agua
    hirviendo

aceite para freír

125 ml de agua

cebolletas y cebollino cortados
    en rodajas, para decorar

salsa de soja o *hoisin*,
    para servir

RELLENO:

150 g de carne magra de pollo,
    picada muy fina

25 g de tallos de bambú de lata,
    escurridos y picados

2 cebolletas finamente picadas

½ pimiento rojo pequeño,
    sin semillas y picado fino

½ cucharadita de curry chino
    en polvo

1 cucharada de salsa de soja
    clara

1 cucharadita de azúcar lustre

1 cucharadita de aceite
    de sésamo

1 Para las empanadillas, mezcle la harina con la sal en un cuenco. Haga un hoyo en el centro, añada el aceite y el agua y mézclelo para formar una pasta suave. Amásela sobre una superficie enharinada, envuélvala en plástico de cocina y déjela reposar 30 minutos.

2 Mezcle todos los ingredientes del relleno.

3 Divida la pasta en 12 partes iguales y extiéndalas con el rodillo en redondeles de 12,5 cm de diámetro. Deposite una porción de relleno en el centro de cada uno. Doble la pasta sobre el relleno para formar la empanadilla, y selle los bordes.

4 Vierta un poco de aceite en una sartén de base

gruesa y fría las empanadillas, en tandas, hasta que estén doradas y crujientes. Vuelva a ponerlas todas en la sartén y añada unos 125 ml de agua. Cúbralas y cuézalas al vapor durante 5 minutos, o hasta que estén totalmente cocidas. Retírelas con una espumadera y sírvalas adornadas con unas rodajas de cebolleta y cebollino, y con salsa de soja o *hoisin* para mojar.

Rollitos de carne de cerdo

Para 4 personas

INGREDIENTES

4 cucharaditas de aceite vegetal
1-2 dientes de ajo chafados
225 g de carne de cerdo picada
4¹/₂ cucharaditas de salsa de soja clara

225 g de *pak choi*, en tiras finas
¹/₂ cucharadita de aceite de sésamo
salsa de guindilla (véase sugerencia)

8 láminas para rollitos de primavera, de 25 cm, ya a temperatura ambiente si las utiliza congeladas
aceite para freír

1 Caliente un wok en seco, vierta el aceite vegetal y caliéntelo. Saltee el ajo unos 30 segundos. Añada la carne y saltee 2-3 minutos, hasta que adquiera un poco de color. Incorpore las tiras de *pak choi*, la salsa de soja y el aceite de sésamo, y saltee otros 2-3 minutos. Retírelo del fuego y deje que se enfríe.

2 Extienda las láminas de pasta sobre una superficie de trabajo, y deposite unas 2 cucharadas de relleno a lo largo de un extremo de cada lámina. Enrolle una vuelta y doble los lados hacia dentro.

Acabe de enrollar, para hacer un rollito alargado, y pinte los bordes con un poco de agua para sellarlo. Si tiene tiempo, deje reposar los rollitos unos 10 minutos para que queden mejor sellados.

3 Caliente el aceite en un wok hasta que casi humee. Baje ligeramente la temperatura y fría los rollitos, en tandas si es necesario, unos 3-4 minutos, hasta que estén dorados. Retírelos con una espumadera y deje que se escurran sobre papel de cocina. Sírvalos con salsa de guindilla para mojarlos.

SUGERENCIA

Para la salsa de guindilla, caliente en un cazo 60 g de azúcar lustre, 50 ml de vinagre de arroz y 2 cucharadas de agua, removiendo, hasta que el azúcar se disuelva. Deje que hierva hasta que se forme un almíbar ligero. Retire el cazo del fuego y añada 2 guindillas rojas frescas picadas. Deje enfriar la salsa antes de servirla. Si no quiere que pique mucho, extraiga las semillas de las guindillas antes de picarlas.

Tostadas con gambas y sésamo

Para 4 personas

INGREDIENTES

225 g de gambas cocidas y peladas	1 cucharadita de salsa de soja clara	4 cucharadas de semillas de sésamo
1 cebolleta	1 clara de huevo batida	aceite vegetal, para freír
1/4 de cucharadita de sal	3 rebanadas finas de pan de molde	cebollino picado, para decorar
1 cucharada de harina de maíz	blanco, sin corteza	

1 Ponga las gambas y la cebolleta en una picadora, y triture hasta obtener una pasta. También puede picarlas a mano, bien finas. Ponga la pasta en un cuenco y añada la sal, la salsa de soja, la harina de maíz y la clara de huevo.

2 Extienda la pasta sobre un lado de cada rebanada de pan. Esparza las semillas de sésamo por encima, presionando bien para que se adhieran.

3 Corte cada rebanada en dos triángulos. Las puede cortar también en tiras del mismo tamaño.

4 Caliente el aceite para freír en un wok hasta que casi humee. Con cuidado, fría los triángulos, con el lado untado hacia abajo, durante 2-3 minutos, hasta que estén dorados. Retírelos con una espumadera y deje que se escurran sobre papel de cocina. Sírvalos calientes.

SUGERENCIA

Para evitar que se quemen, fría los triángulos en dos tandas, y mantenga caliente la primera mientras fríe la segunda.

VARIACIÓN

Añada 1/2 cucharadita de jengibre fresco picado fino y 1 cucharadita de vino de arroz chino a la pasta de gambas, al final del paso 1.

Gambas rebozadas agridulces

Para 4 personas

INGREDIENTES

16 gambas grandes crudas,
peladas
1 cucharadita de jengibre rallado
1 diente de ajo chafado
2 cebolletas cortadas en rodajas
2 cucharadas de jerez seco
2 cucharaditas de aceite de
sésamo
1 cucharada de salsa de soja
clara
aceite vegetal, para freir
tiras finas de cebolleta

PASTA:
4 claras de huevo
4 cucharadas de harina de maíz
2 cucharadas de harina de trigo

SALSA:
2 cucharadas de pasta de tomate
3 cucharadas de vinagre de vino
blanco
4 cucharaditas de salsa de soja
clara
2 cucharadas de zumo de limón

3 cucharadas de azúcar moreno
claro
1 pimiento verde, despepitado
y cortado en juliana fina
1/2 cucharadita de salsa de
guindilla
300 ml de caldo vegetal
2 cucharaditas de harina de maíz

1 Con unas pinzas, retire el hilo intestinal de las gambas, y después aplánelas con un cuchillo.

2 Ponga las gambas en una fuente y añada el jengibre, el ajo, la cebolleta, el jerez, el aceite de sésamo y la salsa de soja. Cúbralo y déjelo macerar 30 minutos.

3 Para la pasta, bata las claras hasta que estén espesas. Agregue las harinas para formar una pasta ligera.

4 Incorpore todos los ingredientes de la salsa en un cazo, y, a continuación, llévelo a ebullición. Reduzca la temperatura y cueza a fuego lento durante 10 minutos.

5 Retire las gambas del adobo y rebócelas con la pasta de harina.

6 Caliente el aceite hasta que casi humee. Baje la temperatura y fría las gambas unos 3-4 minutos, hasta que estén crujientes. Sírvalas con la salsa, para poder mojarlas.

Paquetitos de gambas

Para 4 personas

INGREDIENTES

1 clara de huevo

2 cucharaditas de harina de maíz

2 cucharaditas de jerez seco

1 cucharadita de azúcar lustre

2 cucharaditas de salsa *hoisin*

225 g de gambas cocidas
   y peladas

4 cebolletas cortadas en rodajas

25 g de castañas de agua de lata,
   escurridas, enjuagadas y
   picadas

8 láminas de papel de arroz
   chino

aceite vegetal, para freír

salsa *hoisin* o de ciruelas,
   para servir

1 Bata ligeramente la clara de huevo, y mézclela con la harina de maíz, el jerez seco, el azúcar y la salsa *hoisin*. Añada las gambas, la cebolleta y las castañas de agua, y mezcle bien.

2 Ablande las hojas de papel de arroz sumergiéndolas en un bol con agua caliente, de una en una. Extiéndalas sobre una superficie de trabajo.

3 Deposite un poco de relleno en el centro de cada lámina y envuélvalo con la lámina para obtener un paquete bien cerrado.

4 Caliente el aceite en un wok hasta que casi humee. Baje un poco la temperatura, y fría los paquetitos, en tandas, unos 4-5 minutos, hasta que estén crujientes. Retírelos con una espumadera y deje que se escurran sobre papel de cocina.

5 Ponga los paquetitos en una fuente caliente, y sírvalos de inmediato, con un poco de salsa *hoisin* o de ciruelas para mojar.

SUGERENCIA

Si no encuentra papel de arroz, sustitúyalo por láminas para wonton y proceda de igual modo.

Raviolis de cangrejo

Para 4 personas

INGREDIENTES

450 g de carne de cangrejo
(fresca o de lata, escurrida)
1/2 pimiento rojo, sin semillas
y finamente picado
125 g de col china cortada en
tiras finas

25 g de brotes de soja picados
gruesos
1 cucharada de salsa de soja
clara
1 cucharadita de zumo de limón
16 láminas para *wonton*

1 huevo pequeño batido
2 cucharadas de aceite de
cacahuete
1 cucharadita de aceite de
sésamo
sal y pimienta

1 En un cuenco, mezcle la carne de cangrejo con el pimiento, la col china, los brotes de soja, la salsa de soja y el zumo de lima. Salpimente y déjelo reposar 15 minutos, removiendo de vez en cuando.

2 Extienda las láminas para *wonton* sobre una superficie de trabajo. Con una cuchara, deposite un poco de relleno en el centro de cada lámina (pero no demasiado, de modo que los raviolis se puedan cerrar). Reserve el relleno que sobre.

3 Pinte el borde de las láminas con el huevo y dóblelas por la mitad, expulsando bien el aire. Presione los bordes con los dedos para sellarlos.

4 Caliente el aceite de cacahuete en un wok o una sartén calientes. Fría los raviolis en tandas, durante 3-4 minutos, hasta que estén dorados. Retírelos con una espumadera, y deje que se escurran sobre papel de cocina.

5 Caliente el resto del relleno en el wok o la sartén, a fuego lento. Sirva los raviolis acompañados con el relleno caliente y rociados con el aceite de sésamo.

SUGERENCIA

Compruebe que los bordes de los raviolis estén bien sellados y que no haya quedado aire atrapado dentro, para evitar que se abran durante la cocción.

Costillas de cerdo

Para 4 personas

INGREDIENTES

900 g de costillas de cerdo
2 cucharadas de salsa de soja
    oscura
1 cucharada de vino de arroz
    chino o jerez seco
3 cucharadas de salsa *hoisin*

una pizca de mezcla china
    de 5 especias
2 cucharaditas de azúcar moreno
    oscuro
$1/4$ de cucharadita de salsa
    de guindilla

2 dientes de ajo chafados
ramitas de cilantro, para adornar
    (opcional)

1 Si ha comprado costillas de cerdo enteras, y si lo desea, con un cuchillo de carnicero, córtelas en trocitos, por ejemplo, de 5 cm.

2 Mezcle la salsa *hoisin* con la de soja, el vino de arroz o el jerez, el azúcar moreno, la salsa de guindilla y el ajo.

3 Ponga las costillas en una fuente llana y vierta la salsa por encima para recubrirlas. Tape la fuente y déjelas macerar en la nevera, dándoles la vuelta de vez en cuando, como mínimo 1 hora.

4 Retire las costillas del adobo y póngalas en una sola fila en una parrilla colocada sobre una bandeja para el horno medio llena con agua caliente. Píntelas con el jugo del adobo y reserve el que sobre.

5 Áselas en el horno precalentado a 180 °C, unos 30 minutos. Retire la bandeja del horno y dé la vuelta a las costillas. Úntelas con lo que quede del adobo y áselas unos 30 minutos más. Dispóngalas en una fuente de servir caliente, adorne con las ramitas de cilantro si lo desea,

y sirva el plato de inmediato, bien caliente.

SUGERENCIA

Si es necesario, añada agua caliente a la bandeja para asar durante la cocción. No deje que se seque, pues el vapor facilita la cocción de las costillas.

Alitas de pollo a la miel

Para 4 personas

INGREDIENTES

450 g de alitas de pollo
2 cucharadas de aceite
de cacahuete
2 cucharadas de salsa de soja
clara
2 cucharadas de salsa *hoisin*
2 cucharadas de miel fluida
2 dientes de ajo chafados

1 cucharadita de semillas
de sésamo

ADOBO:
1 guindilla roja seca
$^1/_2$-1 cucharadita de guindilla
molida
$^1/_2$-1 cucharadita de jengibre
molido
la ralladura fina de 1 lima

1 Para el adobo, maje la
guindilla seca con una
mano de mortero. En un
cuenco pequeño, mezcle
la guindilla majada con la
molida, el jengibre y
la ralladura de lima.

2 Con los dedos, frote
las alitas de pollo con la
mezcla de especias. Déjelas
reposar al menos 2 horas, para
que se impregnen del sabor.

3 Caliente un wok en
seco, vierta el aceite
y caliéntelo bien.

4 Saltee las alitas de pollo,
dándoles la vuelta con
frecuencia, 10-12 minutos,
hasta que estén doradas y
crujientes. Escurra el exceso
de grasa.

5 Agregue las salsas de soja
y *hoisin*, la miel, el ajo y
las semillas de sésamo al wok,
dando la vuelta a las alitas para
rebozarlas con la mezcla.

6 Baje la temperatura y
cuézalas 20-25 minutos,
dándoles la vuelta a menudo,
hasta que estén totalmente

cocidas. Sírvalas en cuanto
estén listas.

SUGERENCIA

*Prepare el plato con
antelación y congélelo.
Descongele las alitas del
todo, cúbralas con papel de
aluminio y caliéntelas en el
horno a temperatura media.*

Empanadillas de pato al vapor

Para 4 personas

INGREDIENTES

PASTA PARA LAS EMPANADILLAS:
300 g de harina
15 g de levadura seca
1 cucharadita de azúcar lustre
2 cucharadas de agua caliente
175 ml de leche caliente

RELLENO:
300 g de pechuga de pato
1 cucharada de azúcar moreno
  claro
1 cucharada de salsa de soja
  clara
2 cucharadas de miel líquida
1 cucharada de salsa *hoisin*
1 cucharada de aceite vegetal

1 puerro finamente picado
1 diente de ajo chafado
1 trozo de jengibre fresco
  de 1 cm, rallado

1 Para hacer el relleno, ponga la pechuga de pato en un cuenco. Mezcle el azúcar con la salsa de soja, la miel y la salsa *hoisin*. Vierta la mezcla sobre la pechuga y déjela macerar 20 minutos. Retírela del adobo y ásela, sobre una rejilla, con una bandeja para el horno debajo, en el horno precalentado a 200 ºC, unos 35-40 minutos, o hasta que esté cocida. Deje que se enfríe, deshuésela y corte la carne en dados pequeños.

2 Caliente el aceite en un wok y saltee el puerro, el ajo y el jengibre 3 minutos. Mézclelo con la carne.

3 Para la pasta, tamice la harina en un cuenco. En un bol aparte, mezcle la levadura, el azúcar y el agua, y déjelo en un lugar cálido 15 minutos. Vierta la mezcla de levadura sobre la harina, y mezcle para formar una pasta. Amásela sobre una superficie enharinada 5 minutos. Forme un cilindro de unos 2,5 cm de diámetro. Córtelo en 16 partes, cúbralas y déjelas leudar 20-25 minutos. Aplane las porciones de masa en redondeles de 10 cm. Ponga una cucharada de relleno en el centro de cada uno, frunza los bordes hacia arriba, y retuérzalos para sellar las empanadillas.

4 Póngalas, sobre un paño de cocina humedecido, dentro de una vaporera. Cúbralas y cuézalas al vapor durante 20 minutos.

Albóndigas de espinacas y carne

Para 4 personas

INGREDIENTES

125 g de carne de cerdo	1 cucharada de agua hirviendo	SALSA:
1 huevo pequeño	25 g de tallos de bambú de lata,	150 ml de caldo de verduras
1 trozo de jengibre fresco	escurridos, enjuagados	1/2 cucharadita de harina de maíz
de 1 cm, picado	y picados	1 cucharadita de agua fría
1 cebolla pequeña finamente	2 cucharaditas de harina de maíz	1 cucharadita de salsa de soja
picada	450 g de espinacas frescas	1/2 cucharadita de aceite de
2 lonchas de jamón ahumado,	2 cucharaditas de semillas	sésamo
picado	de sésamo	1 cucharada de cebollino picado

1 En una picadora, pique la carne muy fina. Bata ligeramente el huevo, y mézclelo con la carne.

2 Ponga el jengibre y la cebolla en un bol, añada el agua hirviendo y déjelo reposar 5 minutos. Escúrralo e incorpórelo en la pasta, con el bambú, el jamón cocido y la harina. Mezcle bien y forme 12 albóndigas.

3 Lave las espinacas y retire los tallos. Escalde las hojas en agua hirviendo 10 segundos y escúrralas bien, presionando para extraer todo el líquido posible. Corte las espinacas en tiras muy finas y mézclelas con las semillas de sésamo. Extienda la mezcla sobre una bandeja de hornear llana, y reboce las albóndigas.

4 Coloque las albóndigas en un plato refractario sobre la base de una vaporera. Cúbralas y cuézalas al vapor 8-10 minutos, hasta que estén cocidas y tiernas.

5 Mientras tanto, prepare la salsa. Ponga el caldo en una cazuela y llévelo a ebullición. Deslía la harina de maíz en el agua, y después incorpore la pasta en el caldo. Agregue la salsa de soja, el aceite de sésamo y el cebollino. Disponga las albóndigas en una fuente caliente, y sírvalas con la salsa.

Rollitos de col al vapor

Para 4 personas

INGREDIENTES

8 hojas de col, sin el tronco	1 cucharadita de harina de maíz	1 puerro cortado en rodajas
225 g de carne de pollo, sin hueso ni piel	1/2 cucharadita de guindilla molida	1 diente de ajo cortado en rodajas finas
175 g de gambas peladas, crudas o cocidas	1 huevo ligeramente batido	rodajas de guindilla roja fresca, para adornar
	1 cucharada de aceite vegetal	

1 En una cazuela, lleve agua a ebullición. Escalde las hojas de col 2 minutos. Escúrralas, páselas bajo el chorro de agua fría y vuelva a escurrirlas. Séquelas con papel de cocina y extiéndalas sobre una superficie de trabajo.

2 Introduzca el pollo y las gambas en una picadora, y píquelo bien fino. También podría utilizar una picadora para carne. Incorpore la pasta en un cuenco, y añada la harina de maíz, la guindilla molida y el huevo. Mezcle bien.

3 Ponga 2 cucharadas de la pasta de pollo y gambas hacia un extremo de cada hoja de col. Doble los lados de la hoja alrededor del relleno y enrolle para que quede bien envuelto.

4 Coloque los paquetitos de col, con el doblez hacia abajo, dispuestos en una sola fila sobre un plato refractario, y cuézalos en una vaporera durante unos 10 minutos, o hasta que estén totalmente cocidos.

5 Caliente un wok en seco, vierta el aceite y

caliéntelo. Saltee el puerro y el ajo 1-2 minutos.

6 Sirva los rollitos de col en platos individuales calientes, adornado con rodajas de guindilla roja y acompañados con el puerro y el ajo salteados.

SUGERENCIA

Utilice col china o repollo de Milán para esta receta, y prepare los rollitos con hojas de tamaño similar.

Tortilla china

Para 4 personas

INGREDIENTES

8 huevos
225 g de pollo cocido cortado
en tiras muy finas
12 langostinos, pelados y sin
el hilo intestinal
2 cucharadas de cebollino picado

2 cucharaditas de salsa de soja
clara
un chorrito de salsa de guindilla
2 cucharadas de aceite vegetal

1 En un cuenco grande, bata los huevos ligeramente.

2 Añada el pollo picado y los langostinos, y mezcle bien.

3 Agregue el cebollino picado y las salsas de soja y de guindilla, y mezcle bien.

4 Caliente el aceite en una sartén grande, a fuego medio, y vierta la mezcla de huevo, inclinando la sartén para que la base quede bien cubierta. Cueza la tortilla a fuego medio, removiendo con cuidado con un tenedor, hasta que la superficie esté un poco cuajada y la parte inferior se haya dorado.

5 Cuando la tortilla esté totalmente cuajada, retírela de la sartén con la ayuda de una espátula.

6 Para servirla, corte la tortilla en cuadrados o triángulos.

VARIACIÓN

Dé más sabor a la tortilla añadiendo 3 cucharadas de cilantro fresco picado, o 1 cucharadita de semillas de sésamo, junto con el cebollino, en el paso 3.

SUGERENCIA

Con guisantes u otras verduras, la tortilla será un plato único para 2 personas.

Platos principales

Este completo capítulo abarca numerosos ingredientes y métodos de cocción, y ofrece una gran variedad de platos principales para cualquier ocasión, ya sea una sencilla cena en familia, una comida con invitados o una reunión informal. La cocina china saca el máximo partido del pescado, el marisco, la carne, el pato y el pollo.

Al escoger los ingredientes, intente comprar los más frescos, en especial si se trata de pescado y marisco. Puesto que todas las recetas son muy adaptables, la carne y el pescado que se indican se podrán sustituir por los que se prefiera, o por los que se tenga más a mano.

Cuando cocine para invitados, escoja varios platos diferentes, para ofrecerles la máxima variedad, y prepárelos siempre que sea posible con antelación, para poder pasar más tiempo con sus amigos que en la cocina.

Las cantidades de las recetas de este capítulo suelen ser las adecuadas para un menú chino tradicional, y puede que a un occidental le parezcan escasas. Se recomienda escoger una selección de platos para crear un auténtico banquete chino.

Pescado al vapor con salsa de habichuelas

Para 4 personas

INGREDIENTES

1 cubera entera de 900 g, limpia y escamada

3 dientes de ajo chafados

2 cucharadas de salsa de habichuelas negras

1 cucharadita de harina de maíz

2 cucharaditas de aceite de sésamo

2 cucharadas de salsa de soja clara

2 cucharaditas de azúcar lustre

2 cucharadas de jerez seco

1 puerro pequeño, en tiras finas

1 pimiento rojo pequeño, despepitado y en tiras finas

tiras finas de puerro y gajos de limón, para decorar

arroz o fideos, para acompañar

1 Limpie el pescado por dentro y por fuera bajo el chorro de agua fría, y séquelo con papel de cocina. Con un cuchillo afilado, haga unas 2-3 incisiones en diagonal en cada lado. Frótelo con el ajo.

2 Mezcle bien la salsa de habichuelas con la harina de maíz, el aceite de sésamo, la salsa de soja, el azúcar y el jerez seco. Ponga el pescado en una fuente refractaria llana y vierta la mezcla por encima.

3 Esparza las tiras de puerro y pimiento por encima de la salsa. Coloque la fuente en la parte superior de una vaporera, cúbrala y cueza el pescado al vapor durante 10 minutos, o hasta que esté cocido.

4 Para servirlo, dispóngalo en una fuente, adornado con las tiras de puerro. Para acompañar, ofrezca arroz blanco o fideos hervidos.

VARIACIÓN

Si lo prefiere, o para variar, sustituya la cubera por un besugo o una lubina enteros.

SUGERENCIA

Para comprobar si está cocido, inserte la punta de un cuchillo afilado en el pescado. Si entra con facilidad, está en su punto.

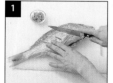

Cubera al vapor con relleno de fruta y jengibre

Para 4 personas

INGREDIENTES

1 cubera entera de 1,4 kg, limpia
y escamada

175 g de espinacas

rodajas de naranja y tiras finas de
cebolleta, para decorar

RELLENO:

60 g de arroz de grano largo
hervido

1 cucharadita de jengibre rallado

2 cucharaditas de salsa de
sésamo clara

2 cebolletas finamente picadas

1 cucharadita de aceite de
sésamo

$^1/_2$ cucharadita de anís estrellado
molido

1 naranja, picada

1 Limpie el pescado por dentro y por fuera bajo el chorro de agua fría, y séquelo con papel de cocina. Escalde las espinacas 40 segundos, páselas por agua fría y escúrralas bien, presionando para eliminar todo el líquido posible. Ponga las espinacas sobre un plato refractario y coloque el pescado encima.

2 Para preparar el relleno, mezcle en un cuenco el arroz hervido con el jengibre rallado, la cebolleta, la salsa de soja, el aceite de sésamo, el anís estrellado y la naranja.

3 Introduzca el relleno en la cavidad ventral del pescado, presionando bien con una cuchara.

4 Cubra el plato y cueza el pescado en una vaporera, 10 minutos o hasta que esté cocido. Para servirlo, póngalo en una fuente caliente, y adorne con las rodajas de naranja y tiras de cebolleta. Sírvalo inmediatamente.

SUGERENCIA

Con el nombre de cubera se designa una familia de peces subtropicales de distintos colores. Pueden ser rojos, naranjas, rosados, grises o de un verde azulado. Algunos tienen rayas o manchas, y varían de tamaño, de 15 a 90 cm.

Trucha con piña

Para 4 personas

INGREDIENTES

4 filetes de trucha, sin piel

2 cucharadas de aceite
vegetal

2 dientes de ajo cortados
en láminas

4 rodajas de piña fresca, pelada
y cortada en dados

1 tallo de apio cortado
en rodajas

1 cucharada de salsa de soja
clara

50 ml de zumo de piña fresco,
o envasado sin azúcar

150 ml de caldo de pescado

1 cucharadita de harina de maíz

2 cucharaditas de agua

hojas de apio cortadas en tiras y
tiras de guindilla roja fresca,
para adornar

1 Corte los filetes de trucha en tiras. Caliente 1 cucharada de aceite en un wok precalentado hasta que casi humee. Baje ligeramente la temperatura y saltee el pescado 2 minutos. Retírelo del wok y reserve.

2 Añada el resto del aceite al wok, baje el fuego y saltee el ajo con la piña y el apio, 1-2 minutos.

3 Agregue la salsa de soja, el zumo de piña y el caldo de pescado. Llévelo a ebullición y cuézalo, removiendo, unos 2-3 minutos o hasta que la salsa se haya reducido.

4 Deslía la harina de maíz en el agua para formar una pasta y añádala al wok. Llévelo a ebullición y cuézalo, sin dejar de remover, hasta que la salsa esté espesa y clara.

5 Vuelva a poner el pescado en el wok y cuézalo a fuego suave hasta que esté bien caliente. Dispóngalo en una fuente caliente, y sírvalo adornado con las hojas de apio y las tiras de guindilla roja.

SUGERENCIA

Si lo desea, puede utilizar piña de lata en lugar de fresca, pero escójala al natural, sin endulzar, y no piña en almíbar.

Salmonete con jengibre

Para 4 personas

INGREDIENTES

1 salmonete entero, limpio y escamado	un chorrito de salsa de guindilla	sal y pimienta
2 cebolletas	125 ml de caldo de pescado	rodajas de tomate, para adornar
1 cucharadita de jengibre fresco rallado	1 pimiento verde, despepitado y cortado en rodajas finas	
125 ml de vinagre de vino al ajo	1 tomate grande, pelado y despepitado, cortado en tiras finas	
125 ml de salsa de soja clara		
3 cucharaditas de azúcar lustre		

1 Lave el pescado por dentro y por fuera, y séquelo con papel de cocina.

2 Haga 3 incisiones en diagonal a cada lado del pescado. Salpiméntelo por dentro y por fuera.

3 Ponga el pescado en una fuente refractaria y esparza la cebolleta y el jengibre por encima. Cubra la fuente y cueza el salmonete al vapor, 10 minutos o hasta que esté cocido.

4 Ponga el vinagre, la salsa de soja, el azúcar, la salsa de guindilla, el caldo de pescado, el pimiento y el tomate en una cazuela, y llévelo a ebullición, removiendo de vez en cuando. Cuézalo a fuego vivo hasta que la salsa se haya reducido ligeramente y espesado.

5 Retire el pescado de la vaporera y póngalo en una fuente caliente. Vierta la salsa por encima, adorne con los trocitos de tomate y sírvalo inmediatamente.

SUGERENCIA

Si lo prefiere, utilice filetes de pescado, pero reduzca el tiempo de cocción a 5-7 minutos.

Pescado blanco al estilo de Sichuan

Para 4 personas

INGREDIENTES

350 g de filetes de pescado
   blanco
1 huevo pequeño batido
3 cucharadas de harina
4 cucharadas de vino blanco seco
3 cucharadas de salsa de soja
   clara
aceite vegetal, para freír
1 diente de ajo cortado en
   láminas

1 trozo de jengibre fresco de
   1 cm, finamente picado
1 cebolla finamente picada
1 tallo de apio picado
1 guindilla roja fresca, picada
3 cebolletas picadas
1 cucharadita de vinagre de arroz
1/2 cucharadita de pimienta
   de Sichuan molida
175 ml de caldo de pescado

1 cucharadita de azúcar lustre
1 cucharadita de harina de maíz
2 cucharaditas de agua
flores de guindilla y hojas de
   apio, para adornar (opcional)

1 Corte el pescado en trozos de unos 4 cm.

2 En un cuenco, bata el huevo con la harina, el vino y 1 cucharada de salsa de soja, para hacer una pasta.

3 Reboce los dados de pescado con la pasta de harina.

4 Caliente el aceite en un wok precalentado hasta que casi humee. Baje ligeramente el fuego y saltee el pescado en tandas, durante 2-3 minutos, hasta que esté dorado. Escúrralo sobre papel de cocina; reserve.

5 Retire todo el aceite del wok menos 1 cucharada, y vuelva a ponerlo al fuego. Saltee el ajo con el jengibre, la cebolla, el apio, la guindilla y la cebolleta, 1-2 minutos.

6 Añada el resto de la salsa de soja y el vinagre.

7 Incorpore la pimienta de Sichuan, el caldo de pescado y el azúcar. Deslía la harina de maíz en el agua y añádalo al caldo. Llévelo a ebullición y cuézalo, removiendo, 1 minuto, hasta que la salsa se espese y se aclare.

8 Vuelva a poner el pescado en el wok y caliéntelo bien, durante 1-2 minutos. Para servirlo, dispóngalo en una fuente caliente.

Pescado crujiente

Para 4 personas

INGREDIENTS

450 g de filetes de pescado blanco; reserve.	1 cucharada de aceite de cacahuete	una pizca de guindilla molida
	aceite vegetal, para freír	3 cucharadas de pasta de tomate
PASTA:		1 cucharada de vinagre de arroz
60 g de harina		2 cucharadas de salsa de soja
1 huevo, con la yema separada de la clara	SALSA:	2 cucharadas de vino de arroz
4 cucharadas de leche	1 guindilla roja fresca, picada	2 cucharadas de agua
	2 dientes de ajo chafados	una pizca de azúcar lustre

1 Corte el pescado en dados de 2,5 cm; reserve. Para hacer la pasta, tamice la harina en un cuenco y haga un hueco en el centro. Añada la yema de huevo y el aceite, y a continuación la leche, removiendo para formar una pasta suave. Déjela reposar durante 20 minutos.

2 Bata la clara de huevo a punto de nieve ligero e incorpórela en la pasta. Caliente un wok en seco, vierta el aceite y caliéntelo. Reboce los dados de pescado en la pasta y fríalos, en tandas, 8-10 minutos, hasta que estén al punto. Retírelos del wok con una espumadera, y resérvelos calientes.

3 Retire todo el aceite del wok excepto 1 cucharada, y vuelva a ponerlo al fuego. Para hacer la salsa, ponga la guindilla fresca, el ajo, la guindilla molida, la pasta de tomate, el vinagre de arroz, la salsa de soja y el vino de arroz chino en el wok, y cuézalo, sin dejar de remover, durante 3-4 minutos.

4 Vuelva a poner en el wok el pescado y remueva para recubrirlo con la salsa. Caliéntelo bien durante 2-3 minutos. Sirva el pescado de inmediato, con la salsa, en una fuente caliente.

SUGERENCIA

Tenga cuidado al retirar el aceite del wok, y viértalo en un recipiente adecuado para que se enfríe.

Revoltillo de pescado y marisco

Para 4 personas

INGREDIENTES

2 cucharadas de vino blanco seco

1 clara de huevo ligeramente batida

1/2 cucharadita de mezcla china de 5 especias

1 cucharadita de harina de maíz

125 g de calamar, limpio y cortado en aros

300 g de gambas crudas, peladas y sin el hilo intestinal

125 g de filetes de pescado blanco, cortados en tiras

aceite vegetal, para freír

1 pimiento verde, despepitado y cortado en tiras finas

1 zanahoria cortada en juliana

4 mazorquitas de maíz partidas por la mitad a lo largo

1 En un cuenco grande, mezcle el vino con la clara de huevo, el polvo de 5 especias y la harina de maíz. Añada las gambas, los aros de calamar y los filetes de pescado, y remueva para rebozarlos de manera uniforme. Retire con una espumadera el pescado y el marisco, y guarde el rebozado que pueda quedar.

2 Caliente el aceite en un wok precalentado, y fría las gambas, el calamar y el pescado unos 2-3 minutos. Retírelo del wok con una espumadera y resérvelo.

3 Retire todo el aceite del wok excepto 1 cucharada, y vuelva a ponerlo al fuego. Saltee las mazorquitas, el pimiento y la zanahoria unos 4-5 minutos.

4 Vuelva a poner la mezcla de pescado y marisco en el wok, y añada el rebozado sobrante. Cuézalo sin dejar de remover, y agitando bien,

para calentarlo. Sirva el pescado de inmediato, en una fuente caliente.

SUGERENCIA

Abra los aros de calamar y, con un cuchillo afilado, trace un dibujo en forma de rejilla en la carne, para hacerlos más atractivos.

Langostinos fritos con anacardos

Para 4 personas

INGREDIENTES

2 dientes de ajo chafados
1 cucharadita de harina de maíz
un pellizco de azúcar lustre
450 g de langostinos crudos
4 cucharadas de aceite vegetal
1 puerro cortado en rodajas
125 g de ramitos de brécol

1 pimiento naranja, despepitado
y cortado en dados
75 g de anacardos sin sal

SALSA:
175 ml de caldo de pescado
1 cucharada de harina de maíz

un chorrito de salsa de guindilla
2 cucharaditas de aceite
de sésamo
1 cucharadita de vino de arroz
chino

1 En un cuenco, mezcle el ajo con la harina de maíz y el azúcar. Pele los langostinos y retire el hilo intestinal. Páselos por la mezcla de harina para rebozarlos.

2 Caliente un wok en seco, vierta el aceite y caliéntelo. Saltee los langostinos a fuego vivo unos 20-30 segundos, hasta que se vuelvan de color rosado. Retírelos del wok con una espumadera y resérvelos.

3 Añada al wok el puerro, el brécol y el pimiento, y saltee 2 minutos.

4 Para hacer la salsa, mezcle el caldo de pescado con la harina de maíz, salsa de guindilla al gusto, el aceite de sésamo y el vino de arroz chino. Viértalo en el wok, y añada los anacardos. Vuelva a poner los langostinos en el wok y caliéntelos durante 1 minuto. Dispóngalos en una fuente caliente, y sírvalos sin dilación.

VARIACIÓN

También puede preparar esta receta con tiras de pollo, cerdo o buey en lugar de langostinos. Utilice 225 g de carne en lugar de 450 g de langostinos.

Gambas fu yong

Para 4 personas

INGREDIENTES

2 cucharadas de aceite vegetal
1 zanahoria rallada
5 huevos batidos
225 g de gambas crudas
y peladas

1 cucharada de salsa de soja
clara
una pizca de mezcla china
de 5 especias
2 cebolletas picadas

2 cucharaditas de semillas
de sésamo
1 cucharadita de aceite
de sésamo

1 Caliente un wok en seco, vierta el aceite y caliéntelo.

2 Saltee la zanahoria durante 1-2 minutos.

3 Empuje la zanahoria hacia un lado del wok y vierta el huevo. Cuézalo, removiendo ligeramente, durante 1-2 minutos.

4 Añada las gambas, la salsa de soja y la mezcla de las especias, y saltee durante 2-3 minutos o hasta que las gambas cambien de color y el conjunto esté casi seco.

5 Pase las gambas *fu yong* a un plato caliente, espolvoree con la cebolleta y las semillas de sésamo y rocíe con el aceite de sésamo. Sirva de inmediato.

VARIACIÓN

Para un plato más sustancioso, añada 225 g de arroz de grano largo hervido junto con las gambas en el paso 4. Pruebe el plato y rectifique el sabor con salsa de soja, mezcla de 5 especias y aceite de sésamo.

SUGERENCIA

Si sólo dispone de gambas cocidas, añádalas justo al final de la cocción, asegurándose de que se hayan incorporado bien al fu yong. Sólo hará falta calentarlas, pues si se cuecen en exceso pueden quedar correosas e insípidas.

Gambas a la cantonesa

Para 4 personas

INGREDIENTES

5 cucharadas de aceite vegetal

4 dientes de ajo chafados

675 g de gambas crudas, peladas y sin el hilo intestinal

1 trozo de jengibre fresco de 5 cm, picado

175 g de carne magra de cerdo, cortada en dados

1 puerro cortado en rodajas

3 huevos batidos

puerro cortado en tiras y pimiento rojo cortado en juliana fina, para adornar

SALSA:

2 cucharadas de jerez seco

2 cucharadas de salsa de soja clara

2 cucharaditas de azúcar lustre

150 ml de caldo de pescado

4½ cucharaditas de harina de maíz

3 cucharadas de agua

1 Caliente un wok en seco, vierta 2 cucharadas de aceite y caliéntelo. Saltee el ajo 30 segundos. Añada las gambas y saltee 5 minutos o hasta que cambien de color. Retire las gambas del wok con una espumadera, y resérvelas calientes.

2 Añada el resto del aceite al wok y caliéntelo. Saltee el jengibre, la carne y el puerro, a fuego medio, unos 4-5 minutos o hasta que la carne se empiece a dorar.

3 Agregue el jerez, la salsa de soja, el azúcar y el caldo de pescado. Deslía la harina de maíz en el agua, e incorpore la pasta en la preparación. Cuézalo, removiendo, hasta que la salsa esté espesa y clara.

4 Vuelva a poner las gambas en el wok y añada el huevo. Cuézalo durante 5-6 minutos, removiendo con suavidad de vez en cuando, hasta que el huevo cuaje. Sirva las gambas a la cantonesa de inmediato, en una fuente caliente, adornadas con las tiras de puerro y de pimiento rojo.

SUGERENCIA

Si le es posible, utilice vino de arroz en lugar de jerez.

Calamar con salsa de ostras

Para 4 personas

INGREDIENTES

450 g de calamar
150 ml de aceite
vegetal
1 trozo de jengibre fresco
de 1 cm, rallado
60 g de tirabeques

5 cucharadas de caldo
de pescado caliente
triángulos de pimiento rojo,
para adornar

SALSA:
1 cucharada de salsa de ostras
1 cucharada de salsa de soja
clara
una pizca de azúcar lustre
1 diente de ajo chafado

1 Para preparar el calamar, córtelo por la mitad a lo largo. Aplánelo, con la parte interior hacia arriba, y marque un dibujo en forma de rejilla en la carne con un cuchillo afilado.

2 Para hacer la salsa, en un bol pequeño, mezcle la salsa de ostras con la de soja, el azúcar y el ajo. Remueva para disolver el azúcar y resérvela hasta que la necesite.

3 Caliente el aceite en un wok precalentado hasta

que casi humee. Baje un poco la temperatura y saltee el calamar hasta que se curve. Retírelo con una espumadera y deje que se escurra sobre papel de cocina.

4 Retire todo el aceite del wok excepto 2 cucharadas y vuelva a ponerlo al fuego. Añada el jengibre y los tirabeques y saltee durante 1 minuto.

5 Vuelva a poner el calamar en el wok y agregue la salsa y el caldo de pescado caliente. Caliéntelo a fuego

suave 3 minutos, o hasta que la salsa se espese.

6 Sirva el calamar de inmediato, en una fuente caliente, adornado con los triángulos de pimiento.

SUGERENCIA

Procure no cocer el calamar en exceso, pues quedaría correoso y poco apetecible.

Vieiras en salsa de jengibre

Para 4 personas

INGREDIENTES

2 cucharadas de aceite vegetal	75 g de guisantes pelados	1 cucharadita de azúcar lustre
450 g de vieiras, limpias	125 g de tallos de bambú de lata,	ralladura de naranja,
y cortadas por la mitad	escurridos y enjuagados	para adornar
1 trozo de jengibre fresco	2 cucharadas de salsa de soja	
de 2,5 cm, finamente picado	clara	
3 dientes de ajo chafados	2 cucharadas de zumo	
2 puerros cortados en tiras finas	de naranja sin azúcar	

1 Caliente el aceite en un wok. Saltee las vieiras 1-2 minutos. Retírelas con una espumadera y resérvelas.

2 Ponga el jengibre y el ajo en el wok y saltee durante 30 segundos. Añada el puerro y los guisantes, y saltee, removiendo, 2 minutos más.

3 Incorpore los tallos de bambú y vuelva a poner las vieiras en el wok. Remueva con suavidad, para mezclar todos los ingredientes sin romper las vieiras.

4 Agregue la salsa de soja, el zumo de naranja y el azúcar y cuézalo 1-2 minutos. Sirva las vieiras en una fuente, adornadas con la ralladura.

SUGERENCIA

Las partes comestibles de la vieira son el músculo blanco redondo y la parte blanca o naranja de las huevas. El faldón rizado que rodea el músculo –las agallas y el manto– se puede utilizar para preparar caldo de pescado.

SUGERENCIA

Puede utilizar vieiras congeladas, previamente descongeladas, pero añádalas al final de la cocción para evitar que se rompan. Si compra vieiras ya sin concha, compruebe si son frescas o congeladas. Las frescas tienen un color blanco cremoso y son más traslúcidas, mientras que las congeladas tienden a ser de un blanco intenso.

Cangrejo en salsa de jengibre

Para 4 personas

INGREDIENTES

2 cangrejos pequeños cocidos
2 cucharadas de aceite vegetal
1 trozo de jengibre fresco de
9 cm, rallado
2 dientes de ajo cortados en
rodajitas

1 pimiento verde, despepitado
y cortado en tiras finas
6 cebolletas cortadas en trozos
de 2,5 cm
2 cucharadas de jerez seco
150 ml de caldo de pescado

$^1/_2$ cucharadita de aceite
de sésamo
1 cucharadita de azúcar moreno
claro
2 cucharaditas de harina de maíz
150 ml de agua

1 Lave los cangrejos con agua y, con cuidado, desprenda el caparazón por la parte de arriba. Con un cuchillo afilado, corte el tejido gris y descártelo. Vuelva a enjuagarlos con agua.

2 Retuerza las patas y las pinzas para arrancarlas. Con unas tenazas para marisco o con un cuchillo de carnicero, rompa las pinzas para dejar la carne al descubierto. Extraiga la carne y elimine bien los trocitos de cáscara rota.

3 Separe el cuerpo y elimine las tripas. Corte el cuerpo de cada cangrejo en dos, y después corte cada trozo por la mitad.

4 Caliente un wok, vierta el aceite y caliéntelo. Saltee el jengibre con el ajo durante 1 minuto. Añada los trozos de cangrejo y saltee 1 minuto.

5 Añada el pimiento, la cebolleta, el jerez, el aceite de sésamo, el caldo y el azúcar. Llévelo a ebullición, baje la temperatura, y cuézalo

a fuego lento, cubierto, durante 3-4 minutos.

6 Deslía la harina de maíz con el resto del agua y añádalo. Deje que hierva, removiendo, hasta que la salsa esté espesa y clara. Sirva.

SUGERENCIA

Puede extraer la carne de cangrejo del caparazón antes de saltearla, y añadirla al wok con el pimiento.

Pollo a la guindilla

Para 4 personas

INGREDIENTES

350 g de carne magra de pollo,
sin hueso ni piel
¹/₂ cucharadita de sal
1 clara de huevo ligeramente
batida
2 cucharadas de harina de maíz
4 cucharadas de aceite vegetal

2 dientes de ajo chafados
1 trozo de jengibre fresco
de 1 cm, rallado
1 pimiento rojo, despepitado
y cortado en dados
1 pimiento verde, despepitado
y cortado en dados

2 guindillas rojas frescas, picadas
2 cucharadas de salsa de soja
clara
1 cucharada de jerez seco
o de vino de arroz chino
1 cucharada de vinagre

1 Corte el pollo en dados y póngalo en un cuenco grande. Añada la sal, la clara de huevo, la harina de maíz y 1 cucharada de aceite. Remueva para rebozar bien el pollo.

2 Caliente el resto del aceite en un wok precalentado. Saltee el ajo y el jengibre 30 segundos.

3 Ponga los trozos de pollo en el wok, y saltee durante 2-3 minutos, o hasta que estén dorados.

4 Incorpore los pimientos, la guindilla, la salsa de soja, el jerez o el vino de arroz chino y el vinagre, y cuézalo 2-3 minutos, hasta que el pollo esté bien cocido. Sírvalo en una fuente.

VARIACIÓN

*Pruebe también con
350 g de carne magra de
vacuno cortada en tiras finas,
o 450 g de gambas crudas,
en lugar del pollo.*

SUGERENCIA

*Cuando manipule
guindillas, póngase guantes
de goma para evitar que el
jugo le irrite las manos.
Procure no tocarse la cara,
especialmente los labios y los
ojos, hasta que no se haya
lavado las manos.*

Pollo al limón

Para 4 personas

INGREDIENTES

aceite vegetal, para freír
650 g de pollo sin hueso ni piel,
    cortado en tiras finas
rodajas de limón y tiras de
    cebolleta, para adornar

SALSA:
1 cucharada de harina
    de maíz
6 cucharadas de agua fría
3 cucharadas de zumo de
    limón natural

2 cucharadas de jerez dulce
1/2 cucharadita de azúcar lustre

1 Caliente el aceite en un wok hasta que casi humee. Baje la temperatura y saltee las tiras de pollo durante 3-4 minutos, hasta que estén cocidas. Retírelas con una espumadera, y resérvelas calientes. Retire el aceite del wok.

2 Para hacer la salsa, deslía la harina de maíz con 2 cucharadas de agua para formar una pasta.

3 Vierta el zumo de limón y el resto del agua en el wok. Agregue el jerez y el azúcar y deje que hierva, removiendo, hasta que se haya disuelto.

4 Añada la pasta de harina de maíz y llévelo de nuevo a ebullición. Baje la temperatura y cuézalo a fuego lento, sin dejar de remover, 2-3 minutos, hasta que la salsa esté espesa y clara.

5 Pase el pollo a una fuente de servir caliente y vierta la salsa por encima. Adorne con las rodajas de limón y las tiras de cebolleta, y sírvalo sin dilación.

SUGERENCIA

Si prefiere utilizar porciones de pollo en lugar de tiras, fríalas con el aceite, tapadas, a fuego lento, durante 30 minutos o hasta que estén cocidas.

Pollo braseado

Para 4 personas

INGREDIENTES

1 pollo de 1,5 kg
3 cucharadas de aceite
vegetal
1 cucharada de aceite
de cacahuete

2 cucharadas de azúcar moreno
oscuro
5 cucharadas de salsa de soja
oscura
150 ml de agua

2 dientes de ajo chafados
1 cebolla pequeña picada
1 guindilla roja fresca, picada
hojas de apio y cebollino,
para decorar

1 Limpie el pollo con papel de cocina humedecido.

2 Ponga los aceites en un wok, añada el azúcar y caliéntelo a fuego lento hasta que esté caramelizado. Agregue la salsa de soja. Incorpore el pollo y déle la vuelta para que quede recubierto con la salsa por todas partes.

3 Añada el agua, el ajo, la cebolla y la guindilla. Cúbralo y cuézalo a fuego lento, dándole la vuelta de vez en cuando, 1 hora o hasta que esté cocido.

Compruébelo pinchando un muslo con la punta de un cuchillo o un pincho de cocina: cuando el pollo esté cocido, el jugo saldrá claro.

4 Retire el pollo del wok y póngalo en una fuente. Suba la temperatura y reduzca la salsa del wok hasta que se espese. Adorne el pollo y sírvalo con la salsa.

SUGERENCIA

No caramelice el azúcar a fuego muy vivo, porque podría quemarse.

VARIACIÓN

Si desea una salsa más especiada, añada 1 cucharada de jengibre fresco finamente picado y 1 cucharada de pimienta de Sichuan molida junto con la guindilla, en el paso 3. Si la salsa de soja oscura le parece demasiado fuerte, use 2 cucharadas de oscura y 3 de clara. Así obtendrá un sabor más delicado sin tener que renunciar al atractivo color del plato.

Pollo con anacardos y verduras

Para 4 personas

INGREDIENTES

300 g de pechuga de pollo,
   deshuesada y sin piel
1 cucharada de harina de maíz
1 cucharadita de aceite
   de sésamo
1 cucharada de salsa *hoisin*
1 cucharadita de salsa de soja
   clara

3 dientes de ajo chafados
2 cucharadas de aceite vegetal
75 g de anacardos sin sal
25 g de tirabeques
1 tallo de apio cortado
   en rodajas
1 cebolla cortada
   en 8 gajos

60 g de brotes de soja
1 pimiento rojo, despepitado
   y cortado en dados

SALSA:
2 cucharaditas de harina de maíz
2 cucharadas de salsa *hoisin*
200 ml de caldo de pollo

1 Quite la grasa que pueda tener el pollo y córtelo en tiras delgadas. Póngalas en un cuenco grande. Esparza por encima la harina de maíz y remueva para rebozarlas, sacudiendo el exceso de harina. Mezcle el aceite de sésamo con las salsas *hoisin* y de soja y 1 diente de ajo. Viértalo sobre el pollo, dándole la vuelta para que quede bien recubierto. Deje macerar 20 minutos.

2 Caliente un wok en seco, vierta la mitad del aceite vegetal y caliéntelo. Saltee los anacardos durante 1 minuto, hasta que estén dorados. Añada los tirabeques, el apio, el resto del ajo, la cebolla, los brotes de soja y el pimiento rojo, y cuézalo, removiendo de vez en cuando, durante 2-3 minutos. Retire las verduras del wok con una espumadera, y resérvelas calientes.

3 Caliente el resto del aceite en el wok. Saque el pollo del adobo y saltéelo 3-4 minutos. Vuelva a poner las verduras en el wok.

4 Para hacer la salsa, mezcle la harina de maíz con la salsa *hoisin* y el caldo de pollo, y viértalo en el wok. Removiendo, prolongue la cocción hasta que la salsa esté clara y espesa. Sirva el pollo de inmediato.

Chop suey de pollo

Para 4 personas

INGREDIENTES

4 cucharadas de salsa de soja	350 g de brotes de soja
2 cucharaditas de azúcar moreno claro	3 cucharaditas de aceite de sésamo
500 g de pechuga de pollo, deshuesada y sin piel	1 cucharada de harina de maíz
3 cucharadas de aceite vegetal	3 cucharadas de agua
2 cebollas cortadas en cuartos	425 ml de caldo de pollo
2 dientes de ajo chafados	puerro cortado en tiras finas, para decorar

1 Mezcle la salsa de soja con el azúcar, y remueva hasta que se disuelva.

2 Retire el exceso de grasa que puedan tener las pechugas y corte la carne en tiras delgadas. Ponga el pollo en un plato llano de vidrio y vierta la mezcla de soja y azúcar por encima, dándole la vuelta para recubrirlo bien. Déjelo macerar en la nevera durante 20 minutos.

3 Caliente un wok en seco, vierta el aceite y caliéntelo. Saltee el pollo durante 2-3 minutos, hasta que esté dorado.

4 Incorpore la cebolla y el ajo, y saltee 2 minutos más. Añada los brotes de soja, saltee otros 4-5 minutos, y a continuación agregue el aceite de sésamo.

5 Deslía la harina de maíz en el agua para formar una pasta suave. Vierta el caldo en el wok, junto con la pasta de harina, y deje que hierva, sin dejar de remover, hasta que la salsa esté espesa y clara. Ponga el *chop suey* en una fuente caliente, y sírvalo adornado con tiras de puerro.

VARIACIÓN

Prepare esta receta con tiras de carne magra de cerdo o verduras variadas. Varíe el tipo de caldo según los ingredientes que escoja.

Pollo con salsa de habichuelas

Para 4 personas

INGREDIENTES

450 g de pechuga de pollo, deshuesada y sin piel
1 clara de huevo batida
1 cucharada de harina de maíz
1 cucharada de vinagre de arroz
1 cucharada de salsa de soja
1 cucharadita de azúcar lustre

3 cucharadas de aceite vegetal
1 cm de jengibre, rallado
1 diente de ajo chafado
1 pimiento verde, despepitado y cortado en dados
2 champiñones grandes, cortados en láminas

3 cucharadas de salsa de habichuelas amarillas
tiras de pimiento verde o amarillo, para adornar

1 Retire el exceso de grasa que pueda tener el pollo. Corte la carne en dados de 2,5 cm de lado.

2 Mezcle la clara de huevo con la harina de maíz en un plato hondo. Introduzca en la pasta los dados de pollo y mezcle bien. Déjelo reposar 20 minutos.

3 En un bol, mezcle el vinagre con la salsa de soja y el azúcar.

4 Retire el pollo de la pasta del rebozado.

5 Caliente un wok en seco, vierta el aceite y caliéntelo. Saltee el pollo durante 3-4 minutos, hasta que esté dorado. Retírelo del wok con una espumadera, y resérvelo caliente.

6 Ponga en el wok el ajo, el jengibre, el pimiento y los champiñones, y saltee 1-2 minutos.

7 Agregue la salsa de habichuelas amarillas y saltee 1 minuto más. Añada la mezcla de vinagre, y vuelva a poner el pollo en el wok.

Cuézalo 1-2 minutos, y sírvalo caliente, adornado con las tiras de pimiento.

VARIACIÓN

La salsa de habichuelas negras también quedaría bien; aunque modificaría el aspecto del plato, pues su color es mucho más oscuro, los sabores seguirían siendo compatibles.

Pollo crujiente

Para 4 personas

INGREDIENTES

1 pollo de 1,5 kg, preparado para el horno	2 cucharaditas de mezcla china de 5 especias	850 ml de aceite vegetal, para freír
2 cucharadas de miel líquida	2 cucharadas de vinagre de arroz	salsa de guindilla, para servir

1 Lave el pollo por dentro y por fuera bajo el chorro de agua fría, y séquelo con papel de cocina.

2 En una cazuela, lleve agua a ebullición; retírela del fuego. Ponga el pollo en el agua, cúbralo y deje reposar 20 minutos. Saque el pollo del agua y séquelo con papel de cocina. Déjelo enfriar un poco y refrigérelo toda la noche en la nevera.

3 Para hacer el glaseado, mezcle la miel con el polvo de 5 especias y el vinagre de arroz.

4 Unte el pollo con parte del glaseado y déjelo en la nevera otros 20 minutos. Repita la operación hasta haber acabado el glaseado. Tras untarlo por última vez, deje el pollo en la nevera como mínimo 2 horas.

5 Con un cuchillo de carnicero o de cocina, abra el pollo por el centro, atravesando el esternón, y después corte cada mitad en 4 partes.

6 Caliente el aceite en un wok hasta que casi humee. Baje la temperatura y fría el pollo 5-7 minutos, hasta que esté dorado y cocido. Retírelo del aceite con una espumadera y deje que se escurra sobre papel absorbente.

7 Disponga el pollo en una fuente, y sírvalo caliente con un poco de la salsa de guindilla para mojarlo.

SUGERENCIA

Si lo prefiere, compre el pollo troceado. También podría preparar esta receta sólo con muslitos, por ejemplo.

Pollo picante con cacahuetes

Para 4 personas

INGREDIENTES

300 g de pechuga de pollo, deshuesada y sin piel
2 cucharadas de aceite de cacahuete
1 guindilla roja fresca, cortada en rodajitas
1 pimiento verde, despepitado y cortado en tiras

125 g de cacahuetes pelados
1 cucharadita de aceite de sésamo
arroz frito, para acompañar

SALSA:
1 cucharada de vino de arroz chino o jerez seco

150 ml de caldo de pollo
1 cucharada de salsa de soja clara
1 1/2 cucharadita de azúcar moreno claro
2 dientes de ajo chafados
1 cucharadita de jengibre rallado
1 cucharadita de vinagre de arroz

1 Retire la grasa del pollo y corte la carne en dados de 2,5 cm. Reserve.

2 Caliente un wok en seco, vierta el aceite y caliéntelo. Saltee los cacahuetes 1 minuto, y retírelos ayudándose con una espumadera. Reserve.

3 Saltee el pollo en el wok 1-2 minutos. Añada el pimiento y saltee 1 minuto más. Retírelo todo del wok con una espumadera.

4 Introduzca la mitad de los cacahuetes en una picadora, y tritúrelos hasta haber obtenido un puré no demasiado fino. También puede meterlos en una bolsa de plástico, y después triturarlos con un rodillo de cocina.

5 Para hacer la salsa, vierta en el wok el caldo de pollo, el vino de arroz o el jerez seco, la salsa de soja, el azúcar, el ajo, el jengibre y el vinagre de arroz.

6 Caliente la salsa sin que llegue a hervir, y añada el puré, los cacahuetes, el pollo, la guindilla y el pimiento. Rocíelo con el aceite de sésamo, remueva y cuézalo 1 minuto. Sírvalo caliente.

SUGERENCIA

Si lo cree oportuno, pique los cacahuetes con un poco de caldo, para que la pasta que se forme sea más suave.

Ensalada china de pollo

Para 4 personas

INGREDIENTES

225 g de pechuga de pollo,
deshuesada y sin piel
2 cucharaditas de salsa de soja
1 cucharadita de aceite de
sésamo
1 cucharadita de semillas de
sésamo

2 cucharadas de aceite vegetal
125 g de brotes de soja
1 pimiento rojo, despepitado
y cortado en rodajas finas
1 zanahoria, en juliana fina
3 mazorquitas de maíz, en rodajas
cebollino y zanahoria en juliana

SALSA:
2 cucharaditas de vinagre de
arroz
1 cucharada de salsa de soja
clara
un chorrito de aceite de guindilla

1 Ponga el pollo en un
plato de vidrio.

2 Mezcle la salsa de soja
con el aceite de sésamo
y viértalo sobre el pollo.
Espolvoree con las semillas
de sésamo y déjelo macerar
durante 20 minutos.

3 Retire el pollo del adobo
y con un cuchillo corte la
carne en lonchas.

4 Caliente un wok en
seco, vierta el aceite
y caliéntelo. Saltee el pollo

4-5 minutos, hasta que esté
cocido y dorado por todos
los lados. Retírelo con una
espumadera y resérvelo,
dejando que se enfríe.

5 Introduzca en el wok
el pimiento, los brotes
de soja, la zanahoria y las
mazorquitas, y saltéelo
2-3 minutos. Retírelo
y deje que se enfríe.

6 Para hacer la salsa, mezcle
el vinagre de arroz con la
salsa de soja y el aceite de
guindilla.

7 Coloque el pollo y las
verduras en una fuente.
Vierta cucharadas de salsa
sobre la ensalada, adorne
y sirva.

SUGERENCIA

*Si tiene tiempo, prepare
la salsa y déjela reposar
30 minutos para que los
sabores vayan madurando.*

Pato a la pekinesa

Para 4 personas

INGREDIENTES

1 pato de 1,8 kg

1,75 litros de agua hirviendo

4 cucharadas de miel líquida

2 cucharaditas de salsa de soja oscura

2 cucharadas de aceite de sésamo

125 ml de salsa *hoisin*

125 g de azúcar lustre

125 ml de agua

tiras de zanahoria, para adornar

tortitas chinas, y pepino y cebolleta cortados en juliana, para acompañar

1 Ponga el pato en una rejilla colocada sobre una bandeja de asados y vierta 1,2 litros de agua hirviendo por encima. Retire el pato de la rejilla, y tire el agua. Seque el pato con papel absorbente, vuelta a colocarlo sobre la rejilla y resérvelo durante varias horas.

2 Mezcle la miel con el resto del agua hirviendo y la salsa de soja. Pinte con la mezcla el interior y la piel del pato. Reserve el glaseado que quede. Deje reposar el pato 1 hora, hasta que se haya secado el glaseado.

3 Unte el pato con otra capa de glaseado. Deje que se vuelva a secar y repita la operación hasta haber utilizado toda la salsa.

4 Caliente el aceite y añada la salsa *hoisin*, el azúcar y el agua. Cuézalo a fuego suave unos 2-3 minutos, hasta que se espese. Deje que se enfríe y después póngalo en la nevera.

5 Ase el pato en el horno precalentado a 190 °C, unos 30 minutos. Déle la vuelta y áselo durante otros 20-30 minutos, o hasta que esté cocido y la piel, crujiente.

6 Retire el pato del horno y déjelo reposar durante 10 minutos. Mientras tanto, caliente las tortitas en una vaporera unos 5-7 minutos. Corte el pato en tiras, y sírvalo adornado con la zanahoria y acompañado con las tortitas, la salsa, el pepino y la cebolleta.

Pato en salsa picante

Para 4 personas

INGREDIENTES

1 cucharada de aceite vegetal
1 cucharadita de jengibre fresco
rallado
1 diente de ajo chafado
1 guindilla roja fresca, picada
350 g de carne de pato
deshuesada, sin piel y cortada
en tiras delgadas

125 g de coliflor dividida
en ramitos
60 g de tirabeques
60 g de mazorquitas de maíz
cortadas a lo largo
300 ml de caldo de pollo
1 cucharadita de mezcla china
de 5 especias

2 cucharaditas de vino de arroz
chino o jerez seco
1 cucharadita de harina de maíz
2 cucharaditas de agua
1 cucharadita de aceite
de sésamo

1 Caliente un wok en seco, vierta el aceite y caliéntelo. Baje un poco el fuego, y saltee el jengibre, el ajo, la guindilla y el pato, unos 2-3 minutos. Retírelo todo con una espumadera; reserve.

2 Introduzca en el wok la coliflor, los tirabeques y las mazorquitas, y saltee durante 2-3 minutos. Retire el exceso de grasa del wok, y empuje las verduras hacia un lado.

3 Vuelva a poner el pato en el wok, y vierta el caldo. Espolvoree con la mezcla de 5 especias, agregue el vino de arroz chino o el jerez, y cuézalo a fuego lento unos 15 minutos, o hasta que el pato esté tierno.

4 Deslía la harina de maíz en el agua hasta formar una pasta e incorpórela, junto con el aceite de sésamo. Deje que hierva, sin dejar de remover, hasta que la salsa esté espesa y clara.

5 Disponga el pato con su salsa picante en una fuente caliente, y sírvalo sin dilación.

SUGERENCIA

Si desea un plato menos picante, omita la guindilla, o extraiga las semillas antes de incorporarla.

Pato glaseado con miel

Para 4 personas

INGREDIENTES

1 cucharadita de salsa de soja
2 cucharadas de miel líquida
1 cucharadita de vinagre al ajo
1 cucharadita de anís estrellado
molido

2 dientes de ajo chafados
2 cucharaditas de harina de maíz
2 cucharaditas de agua
2 pechugas de pato deshuesadas,
de unos 225 g cada una

PARA DECORAR:
hojas de apio
rodajas de pepino cuarteadas
cebollino

1 Mezcle la salsa de soja con la miel, el vinagre al ajo, el ajo y el anís estrellado. Deslía la harina de maíz en el agua e incorpórela.

2 Ponga las pechugas de pato en una fuente refractaria llana. Píntelas con el adobo de soja, dándoles la vuelta para recubrirlas por completo. Cúbralas y déjelas macerar en la nevera como mínimo 2 horas, o bien toda la noche.

3 Retire el pato del adobo y áselo en el horno ya precalentado a 220 °C unos 20-25 minutos, untándolo a menudo con el adobo.

4 Saque el pato del horno y encienda el grill. Ase las pechugas unos 3-4 minutos, para caramelizar la piel.

5 Retire las pechugas del grill y córtelas en lonchas finas. Incorpórelas en una fuente caliente, adorne con las hojas de apio, los trocitos de pepino y el cebollino, y sírvalo inmediatamente.

SUGERENCIA

Si el pato se empieza a chamuscar en el horno, cúbralo con papel de aluminio. Compruebe que las pechugas estén cocidas insertando la punta de un cuchillo afilado en la parte más gruesa de la carne: el jugo debería salir claro.

Pato con mango

Para 4 personas

INGREDIENTES

2 mangos medianos maduros
300 ml de caldo de pollo
2 dientes de ajo chafados
1 cucharadita de jengibre
  fresco rallado

3 cucharadas de aceite
  vegetal
2 pechugas de pato, sin piel,
  de unos 225 g cada una
1 cucharadita de vinagre

1 cucharadita de salsa de soja
  clara
1 puerro cortado en rodajas
perejil fresco picado,
  para adornar

1 Pele los mangos y extraiga el hueso. Corte la pulpa en tiras.

2 Ponga la mitad del mango y el caldo en una picadora, y triture hasta obtener una textura lisa. También puede pasar el mango por el chino, y mezclar el puré con el caldo.

3 Frote el pato con el ajo y el jengibre. Caliente el aceite en un wok, y fría las pechugas, dándoles la vuelta, hasta que la carne esté sellada. Reserve el aceite del wok y

retire el pato. Póngalo sobre una rejilla colocada sobre una bandeja para asar, y áselo en el horno precalentado a 220 ºC, unos 20 minutos, hasta que esté cocido.

4 Mientras tanto, ponga el puré de mango en una cazuela, y añada el vinagre y la salsa de soja. Llévelo a ebullición y cuézalo a fuego vivo, removiendo, hasta que se haya reducido a la mitad.

5 Caliente el aceite reservado del wok, y saltee el puerro y el resto del

mango durante 1 minuto. Retírelo del wok, páselo a una fuente y manténgalo caliente.

6 Corte las pechugas de pato en lonchas, y colóquelas sobre la mezcla de mango y puerro. Vierta la salsa por encima, adorne y sirva.

SUGERENCIA

Para evitar que el mango se deshaga, no lo fría en exceso ni lo remueva con fuerza.

Pato salteado con brécol y pimientos

Para 4 personas

INGREDIENTES

1 clara de huevo

2 cucharadas de harina de maíz

450 g de carne de pato, sin hueso ni piel

aceite vegetal, para freír

1 pimiento rojo, despepitado y cortado en dados

1 pimiento amarillo, despepitado y cortado en dados

125 g de ramitos pequeños de brécol

1 diente de ajo chafado

2 cucharadas de salsa de soja clara

2 cucharaditas de vino de arroz chino o jerez seco

1 cucharadita de azúcar moreno claro

125 m de caldo de pollo

2 cucharaditas de semillas de sésamo

1 En un cuenco, bata la clara de huevo con la harina de maíz.

2 Corte la carne de pato en dados, e introdúzcala en la pasta de huevo y harina. Déjela reposar 30 minutos.

3 Caliente el aceite en un wok hasta que casi humee. Saque el pato de la pasta y fríalo en el wok durante unos 4-5 minutos, hasta que esté crujiente.

Retírelo y deje que se escurra sobre papel de cocina.

4 Ponga los pimientos y el brécol en el wok, y saltee durante 2-3 minutos. Retire las verduras con una espumadera, y deje que se escurran sobre papel absorbente.

5 Retire todo el aceite del wok excepto 2 cucharadas y vuelva a ponerlo al fuego. Saltee el ajo 30 segundos.

Agregue la salsa de soja, el vino de arroz chino o el jerez, el azúcar y el caldo, y llévelo a ebullición.

6 Incorpore el pato y las verduras reservadas, y cuézalo todo junto durante 1-2 minutos.

7 Con cuidado, disponga el pato y las verduras en una fuente caliente, y espolvoree las semillas de sésamo. Sírvalo de inmediato.

Cerdo salteado con verduras

Para 4 personas

INGREDIENTES

350 g de solomillo de cerdo

2 cucharadas de aceite vegetal

2 dientes de ajo chafados

1 trozo de jengibre fresco de
1 cm, en láminas finas

1 zanahoria cortada en tiras
finas

1 pimiento rojo, despepitado
y cortado en dados

1 bulbo de hinojo cortado en
rodajas

25 g de castañas de agua,
partidas por la mitad

75 g de brotes de soja

2 cucharadas de vino de arroz
chino

300 ml de caldo de pollo
o de cerdo

una pizca de azúcar moreno

1 cucharadita de harina de maíz

2 cucharaditas de agua

1 Corte la carne en lonchas finas. Caliente el aceite en un wok precalentado, y saltee el ajo, el jengibre y la carne durante 1-2 minutos, hasta que esté sellada.

2 Incorpore en el wok la zanahoria, el pimiento, el hinojo y las castañas de agua, y saltéelo todo unos 2-3 minutos más.

3 Añada los brotes de soja y saltee 1 minuto. Retire la carne y las verduras del wok, y resérvelas calientes.

4 Ponga el vino de arroz chino, el caldo de cerdo o pollo y el azúcar en el wok. Deslía la harina de maíz en el agua e incorpore la pasta en el caldo. Llévelo después a ebullición, removiendo, y cuézalo hasta que la salsa se espese y esté clara.

5 Vuelva a poner la verdura y la carne en el wok, y caliéntelas bien durante 1-2 minutos, removiendo para recubrirlas con la salsa. Sirva el plato de inmediato, en una fuente caliente.

SUGERENCIA

Si no dispone de vino de arroz chino, sustitúyalo por jerez seco.

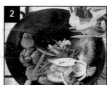

Cerdo agridulce

Para 4 personas

INGREDIENTES

150 ml de aceite vegetal,
   para freír
225 g de solomillo de cerdo
   cortado en dados
   de 1 cm
1 cebolla cortada en rodajas
1 pimiento verde, despepitado
   y cortado en rodajas
225 g de trozos de piña
1 zanahoria pequeña cortada
   en juliana

25 g de tallos de bambú de lata,
   escurridos, enjuagados
   y cortados por la mitad
arroz o fideos, para servir

PASTA:
125 g de harina de trigo
1 cucharada de harina de maíz
1 1/2 cucharaditas de levadura
   en polvo
1 cucharada de aceite vegetal

SALSA:
125 g de azúcar moreno claro
2 cucharadas de harina de maíz
125 ml de vinagre de vino blanco
2 dientes de ajo chafados
4 cucharadas de pasta de tomate
6 cucharadas de zumo de piña

1 Para la pasta, tamice las harinas en un cuenco, con la levadura en polvo. Añada el aceite y agua para formar una pasta espesa y suave (unos 175 ml).

2 Vierta el aceite vegetal en un wok y caliéntelo hasta que casi humee. Reboce la carne en la pasta y fríala en tandas, hasta que esté cocida.

Retire la carne del wok con una espumadera, y resérvela caliente.

3 Retire el aceite del wok, excepto 1 cucharada, y vuelva a ponerlo al fuego. Fría la cebolla, el pimiento, la piña, la zanahoria y los tallos de bambú 1-2 minutos. Retírelo del wok con una espumadera y resérvelo.

4 Mezcle los ingredientes de la salsa y viértala en el wok. Llévela a ebullición, y, removiendo, cuézala hasta que esté espesa y clara. Déjela hervir durante 1 minuto más, vuelva a incorporar la carne y las verduras, y caliéntelo todo bien durante 1-2 minutos. Sirva el cerdo agridulce en una fuente, acompañado con arroz o fideos.

Cerdo con ciruelas

Para 4 personas

INGREDIENTES

450 g de solomillo de cerdo
1 cucharada de harina de maíz
2 cucharadas de salsa de soja
   clara
2 cucharadas de vino de arroz
   chino
una pizca de canela en polvo

4 cucharaditas de azúcar moreno
   claro
5 cucharaditas de aceite vegetal
2 dientes de ajo chafados
2 cebolletas picadas
4 cucharadas de salsa de ciruelas
1 cucharada de salsa *hoisin*

150 ml de agua
un chorrito de salsa de guindilla
ciruelas cortadas en cuartos y
   fritas, y cebolleta, para decorar

1 Corte el solomillo en lonchas.

2 Mezcle la harina de maíz con la salsa de soja, el vino de arroz, el azúcar y la canela.

3 Ponga la carne en una fuente llana y vierta la mezcla de harina de maíz por encima. Cúbrala y déjela macerar durante un mínimo de 30 minutos.

4 Retire la carne de la fuente, pero reserve el adobo.

5 Caliente un wok en seco, vierta el aceite y caliéntelo. Saltee la carne unos 3-4 minutos, hasta que adquiera un poco de color.

6 Añada el ajo, la cebolleta, las salsas de ciruelas, de *hoisin* y de guindilla, y el agua. Llévelo a ebullición. Baje la temperatura, tape el wok y cueza a fuego lento durante 8-10 minutos, o hasta que la carne esté totalmente cocida y bien tierna.

7 Vierta el adobo reservado y cuézalo, removiendo,

5 minutos. Sirva el plato de inmediato, en una fuente caliente, adornado con los cuartos de ciruela y con la cebolleta.

VARIACIÓN

Si lo prefiere, puede utilizar tiras de carne de pato en lugar de solomillo de cerdo.

Buñuelos de cerdo

Para 4 personas

INGREDIENTES

450 g de solomillo de cerdo
2 cucharadas de aceite
de cacahuete
200 g de harina
2 cucharaditas de levadura
en polvo
1 huevo batido
225 ml de leche

una pizca de guindilla molida
aceite vegetal, para freír

SALSA:
2 cucharadas de salsa de soja
oscura
3 cucharadas de miel líquida
1 cucharada de de vinagre

1 cucharada de cebollino picado
1 cucharada de pasta de tomate
cebollino, para adornar

1 Corte la carne en dados de 2,5 cm de lado.

2 Caliente el aceite de cacahuete en un wok precalentado. Saltee la carne 2-3 minutos, hasta que esté sellada. Retírela con una espumadera y resérvela.

3 Tamice la harina en un cuenco y haga un hoyo en el centro. Poco a poco, añada, batiendo, la levadura en polvo, el huevo, la leche y la guindilla molida, hasta obtener una pasta espesa.

4 Caliente el aceite para freír en un wok hasta que casi humee, y baje un poco la temperatura.

5 Reboce los dados de carne en la pasta, y fríalos hasta que se hayan dorado y estén crujientes. Retírelos con una espumadera y deje que se escurra sobre papel de cocina.

6 Para la salsa, mezcle la salsa de soja con la miel, el vinagre, el cebollino y la pasta de tomate. Póngala en un bol pequeño.

7 Sirva los buñuelos en platos individuales, adornados con cebollino, y con la salsa para mojarlos.

SUGERENCIA

Tenga cuidado al calentar el aceite para freír. Cuando esté a punto de humear, baje inmediatamente el fuego y deposite la carne en el aceite con precaución.

Salteado de buey y brécol

Para 4 personas

INGREDIENTES

225 g de bistec magro de buey, con la grasa recortada
2 dientes de ajo chafados
un chorrito de aceite de guindilla
1 trozo de jengibre fresco de 1 cm, rallado

1/2 cucharadita de mezcla china de 5 especias
2 cucharadas de salsa de soja oscura
2 cucharadas de aceite vegetal
150 g de ramitos de brécol

1 cucharada de salsa de soja clara
150 ml de caldo de carne
2 cucharaditas de harina de maíz
4 cucharaditas de agua
tiras de zanahoria, para adornar

1 Corte el bistec en tiras delgadas y póngalas en un plato de vidrio llano. Mezcle el ajo con el aceite de guindilla, el jengibre, el polvo de 5 especias y la salsa de soja en un bol pequeño, y viértalo sobre la carne; remueva para recubrirla bien. Déjela macerar en la nevera.

2 Caliente 1 cucharada de aceite vegetal en un wok. Saltee el brécol a fuego medio durante 4-5 minutos. Retírelo con una espumadera y resérvelo.

3 Caliente lo que quede del aceite en el wok. Añada la carne con su adobo, y saltéela unos 2-3 minutos, hasta que se haya dorado y esté sellada.

4 Vuelva a poner el brécol en el wok, y agregue la salsa de soja y el caldo.

5 Deslía la harina de maíz en el agua e incorpore la pasta en el wok. Llévelo a ebullición, y remueva hasta que la salsa esté espesa y clara. Déjela hervir durante 1 minuto más.

6 Disponga la carne y el brécol en una fuente, coloque las tiras de zanahoria por encima formando una rejilla, y sírvalo.

SUGERENCIA

Deje macerar la carne varias horas para que tenga más sabor. Si prepara el plato con antelación, refrigérela tapada.

Buey macerado con salsa de ostras

Para 4 personas

INGREDIENTES

225 g de bistec magro de buey,
    cortado en dados de 2,5 cm
1 cucharada de salsa de soja
    clara
1 cucharadita de aceite
    de sésamo
2 cucharaditas de vino de arroz
    chino o jerez seco
1 cucharadita de azúcar lustre
2 cucharaditas de salsa *hoisin*
1 diente de ajo chafado

$\frac{1}{2}$ cucharadita de harina de maíz
rodajas de pimiento verde, para
    adornar
arroz o fideos, para acompañar

SALSA:
2 cucharadas de salsa de soja
    oscura
1 cucharadita de azúcar lustre
$\frac{1}{2}$ cucharadita de harina de maíz
3 cucharadas de salsa de ostras

8 cucharadas de agua
2 cucharadas de aceite vegetal
3 dientes de ajo chafados
1 trozo de jengibre fresco de
    1 cm, rallado
8 mazorquitas de maíz, partidas
    por la mitad a lo largo
$\frac{1}{2}$ pimiento verde, despepitado
    y cortado en rodajas finas
25 g de tallos de bambú,
    escurridos y enjuagados

1 Ponga la carne en una fuente llana. Mezcle la salsa de soja con el aceite de sésamo, el vino de arroz o el jerez, el azúcar, la salsa *hoisin*, el ajo y la harina de maíz, y viértalo sobre la carne, removiendo para recubrirla. Cúbrala y déjela macerar como mínimo 1 hora.

2 Para hacer la salsa, mezcle la salsa de soja con el azúcar, la harina de maíz, la salsa de ostras y el agua. Caliente el aceite en un wok. Saltee la carne, con su adobo, 2-3 minutos, hasta que esté sellada y ligeramente dorada.

3 Añada el ajo, el jengibre, las mazorquitas, los tallos de bambú y el pimiento Vierta la salsa y llévelo a ebullición. Baje la temperatura y cuézalo durante 2-3 minutos. Sirva el plato de inmediato, en una fuente caliente, adornado con las rodajas de pimiento verde.

SUGERENCIA

Para un sabor más intenso, deje macerar la carne en la nevera toda la noche.

Buey picante

Para 4 personas

INGREDIENTES

225 g de filete de buey
2 dientes de ajo chafados
1 cucharadita de anís estrellado
   molido
1 cucharada de salsa de soja
adornos de cebolleta

SALSA:
2 cucharadas de aceite vegetal
1 manojo de cebolletas, partidas
   por la mitad a lo largo
1 cucharada de salsa de soja
1 cucharada de jerez seco

$^1/_4$ de cucharadita de salsa
   de guindilla
150 ml de agua
2 cucharaditas de harina
   de maíz
4 cucharaditas de agua

1 Corte la carne en tiras delgadas y póngalas en una fuente llana.

2 En un cuenco, mezcle el ajo con la salsa de soja oscura y el anís estrellado, y viértalo sobre las tiras de carne, removiendo para que queden bien impregnadas. Tape bien la carne y déjela macerar en la nevera durante 1 hora como mínimo.

3 Para preparar la salsa, caliente un wok en seco, vierta el aceite y caliéntelo. Baje la temperatura y saltee la cebolleta 1-2 minutos. Retírela del wok con la ayuda de una espumadera, y resérvela.

4 Ponga la carne en el wok, con su adobo, y saltéela durante unos 3-4 minutos. Vuelva a poner la cebolleta en el wok y añada la salsa de soja, el jerez, la salsa de guindilla y $^2/_3$ del agua.

5 Deslía la harina de maíz con el resto del agua y viértala en el wok. Llévelo a ebullición; remueva hasta que la salsa se espese y esté clara.

6 Sirva el plato en cuanto esté listo, en una fuente caliente, adornado con cebolleta.

SUGERENCIA

Para que no pique tanto, omita la salsa de guindilla.

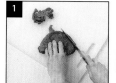

Buey con judías verdes

Para 4 personas

INGREDIENTES

450 g de cuarto trasero o filete
de buey, cortado en trozos
de 2,5 cm

ADOBO:
2 cucharaditas de harina de maíz
2 cucharadas de salsa de soja
oscura
2 cucharaditas de aceite
de cacahuete

SALSA:
2 cucharadas de aceite vegetal
3 dientes de ajo chafados
1 cebolla pequeña cortada
en 8 gajos
225 g de judías verdes finas,
partidas por la mitad
25 g de anacardos sin sal
25 g de tallos de bambú de lata,
escurridos y enjuagados

2 cucharaditas de salsa de soja
oscura
2 cucharaditas de vino de arroz
chino o jerez seco
125 ml de caldo de carne
2 cucharaditas de harina de maíz
4 cucharaditas de agua
sal y pimienta

1 Para preparar el adobo, mezcle la harina de maíz con la salsa de soja y el aceite de cacahuete.

2 Ponga la carne en un plato hondo de vidrio. Vierta el adobo sobre la carne, déle vueltas para recubrirla, cúbrala y déjela macerar en la nevera 30 minutos.

3 Para preparar la salsa, caliente el aceite en un wok precalentado. Añada el ajo, la cebolla, las judías, los anacardos y los tallos de bambú, y saltee 2-3 minutos.

4 Retire la carne del adobo, escúrrala, póngala en el wok y saltéela 3-4 minutos.

5 Mezcle la salsa de soja con el vino de arroz chino o el jerez y el caldo de carne. Deslía la harina de maíz en el agua e incorpórela, removiendo, en la mezcla anterior, para que quede bien ligada.

6 Vierta la mezcla en el wok y lleve la salsa a ebullición, removiendo hasta que se espese y se aclare. Baje la temperatura y cuézalo a fuego lento unos 2-3 minutos. Salpimente al gusto y sirva de inmediato.

Albóndigas de cordero

Para 4 personas

INGREDIENTES

450 g de carne de cordero picada
3 dientes de ajo chafados
2 cebolletas finamente picadas
½ cucharadita de guindilla molida
1 cucharadita de curry chino en polvo

1 cucharada de perejil fresco picado
25 g de pan rallado
1 huevo batido
3 cucharadas de aceite vegetal
125 g de col china cortada en tiras finas

1 puerro cortado en rodajas
1 cucharada de harina de maíz
2 cucharadas de agua
300 ml de caldo de cordero
1 cucharada de salsa de soja
puerro cortado en tiras, para adornar

1 En un cuenco, mezcle la carne con el ajo, la cebolleta, la guindilla molida, el curry en polvo, el perejil y el pan rallado. Incorpore el huevo, y mézclelo hasta obtener una pasta firme. Divídala en 16 porciones, y forme albóndigas del mismo tamaño.

2 Caliente un wok en seco, vierta el aceite y caliéntelo. Saltee la col y el puerro 1 minuto. Retírelo del wok con la ayuda de una espumadera, y reserve.

3 Fría las albóndigas en el wok, en tandas, dándoles la vuelta con cuidado, durante 3-4 minutos, hasta que estén doradas. Vaya reservándolas, y manténgalas calientes.

4 Deslía la harina de maíz en el agua para formar una pasta suave. Vierta el caldo de cordero y la salsa de soja en el wok, y cuézalo 2-3 minutos. Añada la pasta de harina de maíz. Sin dejar de remover, deje que hierva, hasta que la salsa se haya espesado y esté clara.

5 Vuelva a poner la col y el puerro en el wok, y caliéntelo durante 1 minuto. Disponga la col y el puerro en una fuente caliente, ponga las albóndigas por encima, adorne con las tiras de puerro y sirva inmediatamente.

VARIACIÓN

Puede sustituir la de cordero por carne picada de cerdo o de buey.

Cordero con salsa de setas

Para 4 personas

INGREDIENTES

350 g de carne magra de cordero, por ejemplo filete o lomo
2 cucharadas de aceite vegetal
3 dientes de ajo chafados
1 puerro cortado en rodajas
1 cucharadita de harina de maíz

4 cucharadas de salsa de soja
3 cucharadas de vino de arroz chino o jerez seco
3 cucharadas de agua
$1/2$ cucharadita de salsa de guindilla

175 g de setas, en láminas
$1/2$ cucharadita de aceite de sésamo

1 Corte la carne en tiras finas.

2 Caliente un wok en seco, vierta el aceite y caliéntelo. Añada la carne, el ajo y el puerro, y saltee durante unos 2-3 minutos.

3 En un cuenco, mezcle la harina de maíz con la salsa de soja, el vino de arroz chino o el jerez seco, el agua y la salsa de guindilla; reserve esta salsa.

4 Ponga las setas en el wok y saltee durante 1 minuto.

5 Vierta la salsa y deje hervir 2-3 minutos, o hasta que la carne esté bien cocida y tierna. Rocíe con el aceite de sésamo y páselo a una fuente caliente. Adorne con las guindillas rojas y sírvalo inmediatamente.

SUGERENCIA

Para darle un sabor muy auténtico al plato, utilice setas chinas remojadas, que encontrará en tiendas especializadas o en supermercados chinos.

VARIACIÓN

Para esta clásica receta procedente de Pekín, puede sustituir el cordero por filete o solomillo de cerdo. También puede utilizar 2-3 cebolletas, 1 chalote o 1 cebolla pequeña en lugar del puerro, si así lo prefiere.

Cordero al ajillo

Para 4 personas

INGREDIENTES

450 g de filete o lomo de cordero
2 cucharadas de salsa de soja
2 cucharaditas de aceite de
    sésamo
2 cucharadas de vino de arroz

$^1/_2$ cucharadita de pimienta de
    Sichuan
4 cucharadas de aceite vegetal
4 dientes de ajo chafados
60 g de castañas de agua

1 pimiento verde, despepitado
    y cortado en rodajas
1 cucharada de vinagre de vino
1 cucharada de aceite de sésamo
arroz o fideos, para acompañar

1 Corte la carne en trozos de 2,5 cm, y póngala en un plato llano.

2 Mezcle 1 cucharada de salsa de soja con el aceite de sésamo, el vino de arroz chino (o jerez seco) y la pimienta de Sichuan. Vierta la mezcla sobre la carne, remueva para recubrirla, y déjela en maceración 30 minutos.

3 Caliente un wok en seco, vierta el aceite vegetal y caliéntelo. Retire la carne del adobo y saltéela en el wok, junto con el ajo, 2-3 minutos.

4 Añada las castañas de agua cortadas en cuartos y el pimiento, y saltéelo durante 1 minuto.

5 Vierta el resto de la salsa de soja y el vinagre, y remuévalo bien.

6 Incorpore el aceite de sésamo y cuézalo, removiendo, 1-2 minutos o hasta que la carne esté totalmente cocida.

7 Disponga la carne con la salsa de ajo en una fuente caliente, y sírvala con arroz o fideos para acompañar.

SUGERENCIA

El aceite de sésamo se utiliza para sazonar y no para freír, pues se quema rápidamente; por eso se añade al final de la cocción.

VARIACIÓN

El cebollino chino, también llamado ajo cebollino, adornaría muy bien este plato.

Cordero picante

Para 4 personas

INGREDIENTES

450 g de carne magra de cordero

2 cucharadas de salsa *hoisin*

1 cucharada de salsa de soja oscura

1 diente de ajo chafado

2 cucharaditas de jengibre rallado

2 cucharadas de aceite vegetal

2 cebollas cortadas en rodajas

1 bulbo de hinojo, en rodajas

4 cucharadas de agua

SALSA:

1 guindilla roja grande fresca, cortada en tiras finas

1 guindilla verde fresca, cortada en tiras finas

2 cucharadas de vinagre de arroz

2 cucharaditas de azúcar moreno

2 cucharadas de aceite de cacahuete

1 cucharadita de aceite de sésamo

1 Corte la carne en dados de 2,5 cm y póngalos en un cuenco de vidrio.

2 En un bol, mezcle la salsa de *hoisin* y la de soja con el ajo y el jengibre; viértalo sobre la carne, y remuévala para que se impregne bien. Déjala macerar 20 minutos en la nevera.

3 Caliente un wok en seco, vierta el aceite vegetal y caliéntelo. Saltee la carne durante 1-2 minutos.

4 Añada la cebolla y el hinojo, y saltee otros 2 minutos, o hasta que empiecen a dorarse.

5 Añada el agua, tápelo y cuézalo 2-3 minutos.

6 Para preparar la salsa, ponga las guindillas, el vinagre de vino de arroz, el azúcar, el aceite de cacahuete y el de sésamo en un cazo, y cuézalo a fuego suave unos 3-4 minutos, removiendo para mezclarlo todo bien.

7 Pase la carne con la cebolla a una fuente caliente, vierta la salsa por encima, agítelo un poco y sirva inmediatamente.

VARIACIÓN

Puede sustituir el cordero por buey, cerdo o pato, y variar las verduras, por ejemplo puerro o apio en lugar de cebolla e hinojo.

Salteado de cordero con sésamo

Para 4 personas

INGREDIENTES

450 g de carne magra de cordero, sin hueso
2 cucharadas de aceite de cacahuete
2 puerros cortados en rodajas
1 zanahoria cortada en juliana

2 dientes de ajo chafados
85 ml de caldo de verduras o de cordero
2 cucharaditas de azúcar moreno
1 cucharada de salsa de soja oscura

4¹/₂ cucharaditas de semillas de sésamo

1 Corte la carne en tiras delgadas. Caliente el aceite de cacahuete en un wok precalentado, y saltee la carne 2-3 minutos. Retírela con una espumadera; reserve.

2 Saltee en el wok, con el resto del aceite, el puerro, la zanahoria y el ajo, durante 1-2 minutos. Retírelo del wok con una espumadera; reserve. Retire el aceite que pueda quedar en el wok.

3 Ponga el caldo, el azúcar y la salsa de soja en el wok, y añada el cordero. Déjelo cocer, sin dejar de remover para recubrir la carne, unos 2-3 minutos. Espolvoree con las semillas de sésamo y remueva para recubrir la carne.

4 Disponga las verduras en una fuente caliente, y deposite la carne encima. Sírvalo bien caliente.

SUGERENCIA

Tenga cuidado de no quemar el azúcar en el wok al calentarlo y recubrir la carne, pues se estropearía el sabor del plato.

VARIACIÓN

Esta receta queda igualmente deliciosa con tiras de carne de pechuga de pollo o pavo, sin piel, o con gambas. El tiempo de cocción será el mismo.

Verduras

Las verduras desempeñan un importante papel en la dieta
china, y aparecen en abundancia en todas las comidas.
Es perfectamente posible disfrutar de una comida completa
escogiendo una selección de recetas del siguiente capítulo,
sin necesidad de recurrir a la carne o el pescado.

A los chinos les gustan las verduras crujientes, y el tiempo
de cocción que se indica en las recetas refleja este factor.
Esta cocción mínima realza el sabor y la textura de las
hortalizas, además de conservar las vitaminas y el color.
Aquí se incluyen platos principales y una selección de
guarniciones, todos ellos pensados para sacar
el máximo partido de las verduras.

Al seleccionar verduras para cocinar, los chinos dan mucha
importancia a que sean las más frescas. Compre siempre
verduras de consistencia firme, y consúmalas lo antes
posible. Otra cosa que cabe recordar es que las verduras se
deben lavar antes de cortarlas, para evitar que pierdan
vitaminas con el agua, y cocer en cuanto están preparadas,
para que el contenido vitamínico no se
pierda con la evaporación.

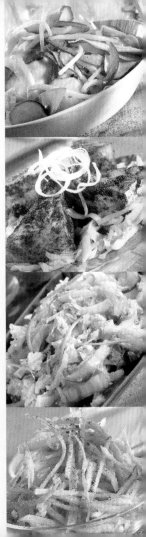

Berenjenas picantes

Para 4 personas

INGREDIENTES

450 g de berenjenas lavadas	1 guindilla roja fresca, en rodajas	1 cucharada de vinagre de vino
2 cucharaditas de sal	2 cucharadas de salsa de soja	1 cucharadita de pimienta de
3 cucharadas de aceite vegetal	1 cucharada de salsa *hoisin*	Sichuan molida
2 dientes de ajo chafados	$^{1}/_{2}$ cucharadita de salsa de	300 ml de caldo de verduras
1 trozo de 2,5 cm de jengibre	guindilla	
fresco, picado	1 cucharada de azúcar moreno	
1 cebolla cortada en rodajas	oscuro	

1 Si las berenjenas son grandes, córtelas en dados, si son pequeñas, córtelas por la mitad. Ponga las berenjenas en un escurridor, y espolvoree con la sal. Déjelas reposar 30 minutos. Enjuáguelas bajo el chorro de agua fría, y séquelas con papel de cocina.

2 Caliente el aceite en un wok precalentado y añada el ajo, el jengibre, la cebolla y la guindilla fresca. Saltéelo 30 segundos e incorpore las berenjenas. Siga salteando 1-2 minutos.

3 Añada las salsas de soja, de *hoisin* y de guindilla, el azúcar, el vinagre, el caldo de verduras y la pimienta de Sichuan, baje la temperatura y cuézalo a fuego lento, sin tapar, durante 10 minutos o hasta que las berenjenas estén cocidas. Suba la temperatura y hierva la salsa hasta que se reduzca, espesándose lo suficiente para recubrir las berenjenas. Sírvalas bien calientes.

SUGERENCIA

Al espolvorear las berenjenas con sal dejándolas reposar, sueltan un jugo amargo, que podría estropear el delicado sabor del plato.

Tofu y verduras fritas

Para 4 personas

INGREDIENTES

450 g de tofu
150 ml de aceite vegetal
1 puerro cortado en rodajas
4 mazorquitas de maíz, cortadas
    por la mitad a lo largo
1 pimiento rojo, despepitado
    y cortado en dados
60 g de tallos de bambú de lata,
    escurridos y enjuagados

60 g de tirabeques
arroz o fideos, para acompañar

SALSA:
1 cucharada de vino de arroz
    chino o jerez seco
4 cucharadas de salsa de ostras
3 cucharaditas de salsa de soja
    clara

2 cucharaditas de azúcar lustre
una pizca de sal
50 ml de caldo de verduras
1 cucharadita de harina de maíz
2 cucharaditas de agua

1 Lave el tofu con agua fría y séquelo con papel absorvente de cocina. Córtelo en dados de 2,5 cm de lado, aproximadamente.

2 Caliente un wok en seco, vierta el aceite y caliéntelo hasta que casi humee. Baje la temperatura y saltee el tofu hasta que esté dorado. Retírelo con una espumadera y deje que se escurra sobre papel de cocina.

3 Retire todo el aceite del wok excepto unas 2 cucharadas, y vuelva a ponerlo al fuego. Añada el puerro, las mazorquitas, los tirabeques, el pimiento y el bambú, y saltee durante 2-3 minutos.

4 Agregue el vino de arroz chino o el jerez, la salsa de ostras, la de soja, el azúcar, la sal y el caldo vegetal, y llévelo a ebullición. Deslía la harina de maíz en el agua y añada la pasta al wok. Lleve la salsa a ebullición y deje que hierva, sin dejar de remover, hasta que esté espesa y clara.

5 Ponga el tofu en el wok y caliéntelo 1 minuto. Sirva el plato acompañado con arroz o fideos.

Estofado de tofu

Para 4 personas

INGREDIENTES

450 g de tofu	125 g de calabacines cortados en rodajas	SALSA:
2 cucharadas de aceite de cacahuete	2 dientes de ajo cortados en rodajitas	425 ml de caldo de verduras
8 cebolletas cortadas en juliana	450 g de espinacas tiernas	2 cucharadas de salsa de soja clara
2 tallos de apio cortados en rodajas	arroz, para acompañar	3 cucharadas de salsa *hoisin*
125 g de ramitos de brécol		¹/₂ cucharadita de guindilla molida
		1 cucharada de aceite de sésamo

1 Corte el tofu en dados de 2,5 cm; reserve.

2 Caliente un wok en seco, vierta el aceite, caliéntelo, y saltee la cebolleta, el apio, el brécol, los calabacines, el ajo, las espinacas y el tofu, unos 3-4 minutos.

3 Para preparar la salsa, mezcle en una cazuela el caldo vegetal con las salsas de soja y *hoisin*, la guindilla molida y el aceite de sésamo, y llévelo a ebullición. Añada las verduras y el tofu, baje la temperatura, cúbralo y cueza a fuego lento durante unos 10 minutos.

4 Incorpore el estofado en una fuente caliente, y sírvalo con arroz hervido para acompañar.

SUGERENCIA

Esta receta sólo contiene verduras verdes, pero puede modificar el color y el sabor añadiendo cualquier otra de su preferencia.

VARIACIÓN

Añada 75 g de champiñones chinos a las verduras en el paso 2, ya sean frescos o de lata.

Brotes de soja y verduras en adobo

Para 4 personas

INGREDIENTES

450 g de brotes de soja
2 guindillas rojas frescas,
    despepitadas y picadas
1 pimiento rojo, despepitado
    y cortado en rodajitas

1 pimiento verde, despepitado
    y cortado en rodajitas
60 g de castañas de agua
1 tallo de apio, en rodajas
3 cucharadas de vinagre de arroz

2 cucharadas de salsa de soja
    clara
2 cucharadas de cebollino picado
1 diente de ajo chafado
una pizca de curry chino en polvo

1 Ponga en un cuenco los brotes de soja, la guindilla, los pimientos, las castañas de agua en cuartos y el apio, y mezcle bien.

2 En un bol, mezcle el vinagre de arroz con la salsa de soja, el cebollino, el ajo y el curry, y viértalo sobre las verduras. Agite para untar y mezclar bien todos los ingredientes.

3 Cubra la ensalada y déjela en la nevera un mínimo 3 horas. Escurra bien las verduras, póngalas en una ensaladera y sírvalas.

SUGERENCIA

Existen muchas variedades de guindilla, y no siempre es posible saber lo picantes que son. En general, las de verde oscuro son más picantes que las de verde pálido y que las rojas. Las estrechas y puntiagudas suelen ser más picantes que las anchas y achatadas. Pero siempre hay excepciones, e incluso guindillas procedentes de la misma planta pueden variar en su grado de picante.

SUGERENCIA

Este plato queda delicioso con carnes chinas asadas, o servido con el adobo y unos fideos.

Col china frita con miel

Para 4 personas

INGREDIENTES

450 g de col china

1 cucharada de aceite de cacahuete

1 trozo de 1 cm de jengibre fresco, rallado

2 dientes de ajo chafados

1 guindilla roja fresca, cortada en rodajas

1 cucharada de vino de arroz chino o jerez seco

4 1/2 cucharaditas de salsa de soja clara

1 cucharada de miel líquida

125 ml de zumo de naranja

1 cucharada de aceite de sésamo

2 cucharaditas de semillas de sésamo

ralladura de naranja, para adornar

1 Separe las hojas de la col china y córtelas en tiras finas.

2 Caliente un wok en seco, vierta el aceite de cacahuete y caliéntelo. Añada el jengibre, el ajo y la guindilla, y saltee durante 30 segundos.

3 Incorpore las hojas de col, el vino de arroz o el jerez, la salsa de soja, la miel y el zumo de naranja. Baje la temperatura y cueza a fuego lento durante unos 5 minutos.

4 Agregue el aceite de sésamo, espolvoree con las semillas de sésamo, y mezcle bien. Sirva el plato de inmediato, en una fuente caliente, adornado con la ralladura de naranja.

SUGERENCIA

La miel de una sola flor sabe mejor que la de varias. La de acacia es la típicamente china. También puede probar la de clavo, la de la flor del limonero, de la lima o de azahar.

VARIACIÓN

Si no encuentre col china, utilice alguna otra variedad, como el repollo de Milán. El sabor será ligeramente diferente y el color más oscuro, pero el plato estará igualmente delicioso.

Salteado verde

Para 4 personas

INGREDIENTES

2 cucharadas de aceite
de cacahuete

2 dientes de ajo chafados

1/2 cucharada de anís estrellado
molido

1 cucharadita de sal

350 g de *pak choi* cortado
en tiras finas

225 g de espinacas tiernas

25 g de tirabeques

1 tallo de apio cortado
en rodajas

1 pimiento verde, despepitado
y cortado en rodajas

50 ml de caldo de verduras

1 cucharadita de aceite
de sésamo

1 Caliente un wok en
seco, vierta el aceite
y caliéntelo.

2 Saltee el ajo chafado
durante 30 segundos.
Añada el anís estrellado, la
sal, el *pak choi*, las espinacas,
los tirabeques, el apio y el
pimiento, y saltee durante
3-4 minutos.

3 Vierta el caldo en el
wok, tápelo, y cuézalo
durante unos 3-4 minutos.

4 Retire la tapa del wok
y agregue el aceite de

sésamo. Mezcle bien con
el resto de los ingredientes.

5 Sirva el salteado en una
fuente caliente.

SUGERENCIA

*Sirva este plato como parte
de una comida vegetariana,
o para acompañar
carnes asadas.*

SUGERENCIA

*El anís estrellado es muy
utilizado en la cocina china.
Con las atractivas vainas en
forma de estrella enteras, se
da un toque decorativo a los
platos. El sabor se parece al
de la regaliz, pero con un
punto especiado, y es
bastante intenso. Junto con
la canela china, el clavo,
las semillas de hinojo y la
pimienta de Sichuan, el anís
estrellado es uno de los
componentes de la mezcla
china de 5 especias.*

Col frita con almendras

Para 4 personas

INGREDIENTES

1,2 kg de *pak choi*, o alguna
    variedad de col rizada
700 ml de aceite vegetal
75 g de almendras escalfadas
1 cucharadita de sal

1 cucharada de azúcar moreno
    claro
una pizca de canela molida

1 Separe las hojas del *pak choi* o la col rizada, y lávelas bien. Séquelas con papel de cocina.

2 Corte la col en tiras finas con un cuchillo afilado.

3 Caliente el aceite vegetal en un wok precalentado hasta que casi humee.

4 Baje la temperatura e incorpore la col. Fríala 2-3 minutos, o hasta que empiece a flotar en el aceite y esté crujiente.

5 Retire la col del aceite con una espumadera, y deje que se escurra bien sobre papel absorbente.

6 Ponga las almendras en el wok y fríalas durante 30 segundos. Retírelas con una espumadera.

7 Mezcle el azúcar con la sal y la canela, y luego espolvoree con la mezcla sobre la col. Esparza las almendras por encima de la col. Sírvala de inmediato, en una fuente caliente.

SUGERENCIA

Compruebe que la col esté bien seca antes de ponerla en el aceite, para que no salpique. Por otro lado, si estuviera húmeda, no quedaría crujiente.

Verduras cremosas

Para 4 personas

INGREDIENTES

450 g de col china cortada en tiras finas	4 dientes de ajo chafados	4 cucharaditas de agua
2 cucharadas de aceite de cacahuete	300 ml de caldo de verduras	2 cucharadas de nata líquida o yogur natural
2 puerros cortados en tiras finas	1 cucharada de salsa de soja clara	1 cucharada de cilantro fresco picado
	2 cucharaditas de harina de maíz	

1 Escalde las tiras de col china en agua hirviendo durante unos 30 segundos. Escúrralas, enjuáguelas bajo el chorro de agua fría, y vuelva a escurrirlas.

2 Caliente un wok en seco, vierta el aceite y caliéntelo. Saltee la col china, junto con el puerro y el ajo, unos 2-3 minutos.

3 Vierta en el wok el caldo de verduras y la salsa de soja, baje la temperatura al mínimo, cúbralo y cueza las verduras unos 10 minutos, o hasta que estén tiernas.

4 Retire las verduras del wok con una espumadera y resérvelas. Deje que hierva el caldo a fuego vivo hasta que se reduzca a la mitad.

5 Deslía la harina de maíz en el agua y añada la pasta al wok. Llévelo de nuevo a ebullición y déjelo hervir, removiendo constantemente, hasta obtener una salsa espesa y clara.

6 Baje la temperatura y añada las verduras y la nata líquida o el yogur. Caliéntelo a fuego suave durante 1 minuto.

7 Sirva las verduras en una fuente, adornadas con el cilantro picado.

SUGERENCIA

No deje hervir la salsa una vez haya añadido la nata líquida o el yogur.

Pepino salteado con guindillas

Para 4 personas

INGREDIENTES

2 pepinos medianos	2 guindillas rojas frescas, picadas	1 cucharadita de aceite
2 cucharaditas de sal	2 cebolletas picadas	de sésamo
1 cucharada de aceite vegetal	1 cucharadita de salsa de	
1 trozo de 1 cm de jengibre	habichuelas amarillas	
fresco, rallado	1 cucharada de miel líquida	
2 dientes de ajo chafados	125 ml de agua	

1 Pele los pepinos y córtelos por la mitad a lo largo. Extraiga las semillas de la parte central con una cucharita y deséchelas.

2 Corte el pepino en tiras y colóquelo en un plato. Espolvoree con sal y déjelo reposar durante 20 minutos. Enjuague bien bajo el chorro de agua fría, y séquelo con papel de cocina.

3 Caliente un wok en seco, vierta el aceite y caliéntelo hasta que casi humee. Baje un poco la temperatura y saltee el ajo, el jengibre, la guindilla y la cebolleta durante 30 segundos.

4 Añada el pepino, junto con la salsa de habichuelas amarillas y la miel. Saltee otros 30 segundos.

5 Vierta el agua y déjelo cocer a fuego vivo hasta que prácticamente se haya evaporado el jugo.

6 Rocíe con el aceite de sésamo. Sirva el pepino salteado de inmediato, en una fuente caliente.

SUGERENCIA

El pepino se espolvorea con sal y se deja reposar para extraer el exceso de agua que contiene y evitar que el plato quede reblandecido.

Champiñones picantes

Para 4 personas

INGREDIENTES

2 cucharadas de aceite de
cacahuete

2 dientes de ajo chafados

3 cebolletas picadas

300 g de champiñones
pequeños

2 champiñones grandes cortados
en láminas

125 g de algún otro tipo de seta
fresca

1 cucharadita de salsa de
guindilla

1 cucharada de salsa de soja
oscura

1 cucharada de salsa *hoisin*

1 cucharada de vinagre de vino

$^1/_2$ cucharadita de pimienta de
Sichuan

1 cucharada de azúcar moreno
oscuro

1 cucharadita de aceite de
sésamo

perejil fresco picado, para
adornar

1 Caliente el aceite en
un wok hasta que casi
humee. Baje ligeramente
la temperatura, añada el ajo
y la cebolleta, y saltee unos
30 segundos.

2 Incorpore las setas y los
champiñones, las salsas
de soja y *hoisin*, el vinagre, la
pimienta y el azúcar, y saltee
4-5 minutos o hasta que las
setas estén totalmente
cocidas.

3 Rocíe con el aceite de
sésamo. Sirva el plato
de inmediato, en una fuente
caliente, adornado con el
perejil.

SUGERENCIA

*Esta receta queda estupenda
como guarnición para platos
de carne o pescado.*

SUGERENCIA

*Las setas y champiñones
chinos se utilizan más por su
singular textura que por su
sabor. Los llamados hongos
de la madera se usan
mucho, y se encuentran
deshidratados en las tiendas
de alimentación chinas.
Lávelos, déjelos en remojo
20 minutos y enjuáguelos
de nuevo antes de cocinarlos.
Los champiñones chinos se
venden frescos y en lata, y
tienen una textura gelatinosa.*

Espinacas al ajillo

Para 4 personas

INGREDIENTES

900 g de espinacas frescas	1 cucharadita de citronela picada	2 cucharaditas de azúcar moreno
2 cucharadas de aceite de cacahuete	una pizca de sal	
2 dientes de ajo chafados	1 cucharada de salsa de soja oscura	

1 Con cuidado, retire los tallos de las espinacas. Lave las hojas, escúrralas y séquelas con papel de cocina.

2 Caliente un wok en seco, vierta el aceite y caliéntelo hasta que casi humee.

3 Disminuya un poco la temperatura, y saltee el ajo y la citronela 30 segundos.

4 Añada las espinacas y saltee 2-3 minutos más, o hasta que las hojas se hayan ablandado.

5 Incorpore la salsa de soja oscura y el azúcar moreno, y rehogue otros 3-4 minutos más. Sirva las espinacas recién hechas, en una fuente caliente.

SUGERENCIA

La citronela se utiliza mucho en la cocina asiática. Se vende fresca, seca, en lata y en tarro. La seca se debe dejar en remojo 2 horas antes de utilizarla. Los tallos son duros, y normalmente se utilizan enteros y se desechan antes de servir el plato. Las raíces se pueden majar o picar finamente.

SUGERENCIA

Utilice espinacas tiernas si le es posible, pues son más sabrosas y tienen un aspecto más atractivo. En ese caso, no hará falta que retire los tallos.

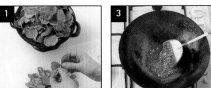

Verduras fritas al estilo chino

Para 4 personas

INGREDIENTES

2 cucharadas de aceite de cacahuete	3 tallos de apio cortados en rodajas	2 cucharadas de salsa de soja clara
350 g de ramitos de brécol	175 g de espinacas tiernas	2 cucharaditas de azúcar lustre
1 cucharada de jengibre fresco picado	125 g de tirabeques	2 cucharadas de jerez seco
2 cebollas cortadas en 8 gajos	6 cebolletas cortadas en cuartos	1 cucharada de salsa *hoisin*
	2 dientes de ajo chafados	150 ml de caldo de verduras

1 Caliente un wok en seco, vierta el aceite y caliéntelo hasta que casi humee.

2 Añada los ramitos de brécol, el jengibre, la cebolla y el apio, y saltee durante 1 minuto.

3 Incorpore las espinacas, los tirabeques, el ajo y las cebolletas, y saltee unos 3-4 minutos más.

4 Mezcle las salsas de soja y *hoisin* con el azúcar, el jerez y el caldo, y viértalo en el wok, removiéndolo para recubrir todas las verduras. Cúbralas y cuézalas a fuego medio 2-3 minutos, o hasta que estén cocidas pero no demasiado blandas. Sírvalas en una fuente.

VARIACIÓN

Prepare este plato con cualquier tipo de verdura, según sus preferencias y la temporada.

SUGERENCIA

Podría utilizar esta mezcla para rellenar tortitas chinas. Se encuentran en las tiendas de alimentación chinas, y se deben calentar en una vaporera 2-3 minutos.

Chop suey de verduras

Para 4 personas

INGREDIENTES

1 pimiento amarillo despepitado	2 cucharadas de aceite de cacahuete	2 cucharadas de salsa de soja clara
1 pimiento rojo despepitado	3 dientes de ajo chafados	125 ml de caldo de verduras
1 zanahoria	1 cucharadita de jengibre fresco	
1 calabacín	rallado	
1 bulbo de hinojo	125 g de brotes de soja	
1 cebolla	2 cucharaditas de azúcar moreno	
60 g de tirabeques	claro	

1 Corte los pimientos, la zanahoria, el calabacín y el hinojo en rodajitas finas. Corte la cebolla en cuartos, y después cada cuarto por la mitad. Corte los tirabeques en diagonal para que entre en contacto con el wok la máxima superficie posible.

2 Caliente un wok en seco, vierta el aceite y caliéntelo hasta que casi humee. Saltee el ajo y el jengibre unos 30 segundos. Añada la cebolla y saltéelo otros 30 segundos.

3 Incorpore los pimientos, la zanahoria, el calabacín, el hinojo y los tirabeques, y saltee 2 minutos.

4 Añada los brotes de soja, y, a continuación, el azúcar, la salsa de soja y el caldo. Baje la temperatura y rehogue a fuego suave 1-2 minutos, hasta que las verduras estén tiernas y recubiertas con la salsa.

5 Sirva las verduras en cuanto estén listas, en una fuente, con su salsa.

SUGERENCIA

Este versátil plato se puede preparar con cualquier combinación de verduras de colores atractivos.

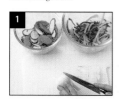

Salteado de verduras con sésamo

Para 4 personas

INGREDIENTES

2 cucharadas de aceite vegetal

3 dientes de ajo chafados

1 cucharada de semillas de sésamo, y un poco más

2 tallos de apio, en rodajas

2 mazorquitas, en rodajas

60 g de champiñones chinos

1 puerro cortado en rodajas

1 calabacín cortado en rodajas

1 pimiento rojo, en rodajas

1 guindilla verde fresca, en rodajas

60 g de col china, en tiras finas

$\frac{1}{2}$ cucharadita de curry chino en polvo

2 cucharadas de salsa de soja clara

1 cucharada de vino de arroz chino o jerez seco

1 cucharadita de aceite de sésamo

1 cucharadita de harina de maíz

1 Caliente un wok, vierta el aceite y caliéntelo hasta que casi humee. Baje un poco la temperatura, y saltee el ajo y las semillas de sésamo unos 30 segundos.

2 Incorpore el calabacín, el pimiento, el apio, la col china, el puerro, el maíz, la guindilla y los champiñones, y saltee 4-5 minutos o hasta que se hayan ablandado.

3 Mezcle el curry chino en polvo con la salsa de soja, el vino de arroz o el jerez, el aceite de sésamo, la harina de maíz y 4 cucharadas de agua, e incorpore la mezcla al wok. Llévelo a ebullición y rehóguelo, removiendo, hasta que la salsa se espese y se aclare. Cuézalo durante otro minuto, y sírvalo en una fuente caliente espolvoreado con semillas de sésamo.

VARIACIÓN

Si lo desea, puede sustituir la salsa de soja por salsa de ostras.

SUGERENCIA

En esta receta se saltea con aceite vegetal corriente y no de cacahuete, porque éste estropearía el delicado sabor de las semillas de sésamo.

Salteado de judías verdes

Para 4 personas

INGREDIENTES

450 g de judías verdes finas

2 guindillas rojas frescas

2 cucharadas de aceite de cacahuete

½ cucharadita de anís estrellado molido

1 diente de ajo chafado

2 cucharaditas de miel líquida

2 cucharadas de salsa de soja clara

½ cucharadita de aceite de sésamo

1 Corte las judías verdes por la mitad.

2 Corte las guindillas frescas en rodajas (elimine las semillas si desea un sabor menos picante).

3 Caliente un wok, vierta el aceite y caliéntelo hasta que casi humee.

4 Baje ligeramente la temperatura, añada las judías, y saltee 1 minuto.

5 Incorpore las rodajas de guindilla, el anís estrellado y el ajo, y saltee otros 30 segundos.

6 Mezcle la salsa de soja con la miel y el aceite de sésamo, e incorpórelo. Rehogue unos 2 minutos, removiendo las judías para recubrirlas con la salsa. Sírvalas de inmediato en una fuente caliente.

SUGERENCIA

Esta receta acompaña muy bien los platos de pescado o de carne poco cocida y de sabor suave.

VARIACIÓN

Esta receta queda sorprendentemente deliciosa preparada con coles de Bruselas en lugar de judías verdes. Limpie las coles y córtelas en tiras finas. Saltéelas en el aceite caliente 2 minutos, y siga con la receta a partir del paso 5.

Rollitos de verduras

Para 4 personas

INGREDIENTES

8 hojas grandes y alargadas de col china

RELLENO:
2 mazorquitas de maíz cortadas en rodajas
1 zanahoria picada fina

1 tallo de apio picado
4 cebolletas picadas
4 castañas de agua picadas
2 cucharadas de anacardos sin sal, picados
1 diente de ajo picado
1 cucharadita de jengibre rallado

25 g de tallos de bambú de lata, escurridos, enjuagados y picados
1 cucharadita de aceite de sésamo
2 cucharaditas de salsa de soja

1 Ponga las hojas de col china en un cuenco grande y vierta encima agua hirviendo para ablandarlas. Déjelas reposar 1 minuto y escúrralas bien.

2 En otro cuenco, mezcle las mazorquitas con la zanahoria, el apio, el bambú, la cebolleta, las castañas de agua, los anacardos, el ajo y el jengibre.

3 Mezcle el aceite de sésamo con la salsa de soja, y viértalo sobre las verduras, removiéndolas para que queden bien impregnadas.

4 Extienda las hojas de col sobre una tabla y reparta el relleno entre ellas de forma equitativa.

5 Enrolle bien las hojas, doblando los lados hacia dentro, para darles forma de paquetitos. Sujételos con palillos.

6 Ponga los rollitos rellenos en una fuente refractaria pequeña dentro de una vaporera, cúbrala y cuézalos 15-20 minutos, hasta que estén tiernos. Sírvalos con una salsa de su elección.

SUGERENCIA

Prepare los rollitos con antelación, cúbralos y resérvelos en la nevera; cuando lo desee, cuézalos al vapor según indica la receta.

Verduras ocho joyas

Para 4 personas

INGREDIENTES

2 cucharaditas de aceite de
cacahuete

6 cebolletas cortadas en rodajas

3 dientes de ajo chafados

1 pimiento verde, despepitado
y cortado en dados

1 pimiento rojo, despepitado
y cortado en dados

1 guindilla roja fresca, cortada
en rodajas

2 cucharadas de castañas
de agua picadas

1 calabacín picado

125 g de setas frescas

3 cucharadas de salsa de
habichuelas negras

2 cucharaditas de vinagre de
arroz chino o jerez seco

4 cucharadas de salsa de soja

1 cucharadita de azúcar moreno
oscuro

2 cucharadas de agua

1 cucharadita de aceite de
sésamo

1 Caliente un wok en
seco, vierta el aceite y
caliéntelo hasta que casi
humee.

2 Baje un poco el fuego, y
saltee la cebolleta y el ajo
durante unos 30 segundos,
aproximadamente.

3 Incorpore los pimientos,
la guindilla, las castañas
de agua y el calabacín, y saltee
durante 2-3 minutos, o hasta
que las verduras empiecen a
ablandarse.

4 Añada las setas, la salsa
de habichuelas, el vino
de arroz o el jerez, la salsa
de soja, el azúcar y el agua,
y saltee 4 minutos.

5 Rocíe con el aceite de
sésamo y sirva.

VARIACIÓN

*Para convertir esta receta en
un plato principal, añada
225 g de tofu cortado en
dados y macerado.*

SUGERENCIA

*Las ocho joyas o tesoros
forman parte de las
celebraciones tradicionales
del Año Nuevo chino, que
empiezan en la última
semana del año. El Dios de
la Cocina es enviado al cielo
para pasar un informe, y
regresa la víspera de Año
Nuevo, para el festín.*

Triángulos vegetarianos fritos

Para 4 personas

INGREDIENTES

1 cucharada de sal marina	1 cucharadita de jengibre	2 puerros, partidos por la mitad
4$^1/_2$ cucharaditas de mezcla china	rallado	y cortados en tiras finas
de 5 especias	2 bloques de tofu de 225 g cada	tiras de puerro, para adornar
3 cucharadas de azúcar moreno	uno	
2 dientes de ajo chafado	aceite vegetal, para freír	

1 Mezcle la sal con el polvo de 5 especias, el azúcar, el ajo y el jengibre, y extiéndalo en un plato.

2 Corte los bloques de tofu por la mitad en diagonal para formar 2 triángulos. Corte cada triángulo por la mitad y de nuevo en 2 partes, hasta obtener 16 triángulos.

3 Reboce el tofu con la mezcla de especias, de modo que quede bien recubierto. Déjelo reposar 1 hora.

4 Caliente un wok en seco, vierta el aceite y caliéntelo hasta que casi humee. Disminuya un poco la temperatura, y fría los triángulos de tofu 5 minutos, hasta que estén dorados. Retírelos del wok con una espumadera y resérvelos.

5 Ponga el puerro en el wok y saltéelo 1 minuto. Retírelo con una espumadera y deje que se escurra sobre papel de cocina.

6 Extienda el puerro en una fuente caliente, y disponga el tofu frito por encima. Adórnelo con las tiras de puerro fresco, y sirva inmediatamente.

SUGERENCIA

Fría el tofu en tandas y manténgalo caliente mientras fríe el resto, y hasta que todo esté listo para servir.

Estofado de verduras chino

Para 4 personas

INGREDIENTES

4 cucharadas de aceite vegetal

2 zanahorias medianas cortadas en rodajas

1 calabacín cortado en rodajas

4 mazorquitas de maíz cortadas por la mitad a lo largo

125 g de ramitos de coliflor

1 puerro cortado en rodajas

125 g de castañas de agua, partidas por la mitad

225 g de tofu cortado en dados

300 ml de caldo de verduras

1 cucharadita de sal

2 cucharaditas de azúcar moreno oscuro

2 cucharaditas de salsa de soja

2 cucharadas de jerez seco

1 cucharadita de harina de maíz

2 cucharadas de agua

1 cucharada de cilantro fresco picado, para decorar

1 Caliente un wok, vierta el aceite y caliéntelo hasta que casi humee.

2 Reduzca un poco la temperatura, añada las zanahorias, el calabacín, las mazorquitas, la coliflor y el puerro, y saltee durante 2 minutos.

3 Incorpore las castañas de agua, el tofu, el caldo, la sal, el azúcar, la salsa de soja y el jerez, y llévelo a ebullición. Baje la temperatura, cúbralo y cuézalo a fuego lento durante 20 minutos.

4 Deslía la harina de maíz en el agua para formar una pasta.

5 Incorpore en el wok la mezcla de harina de maíz. Espere que vuelva a hervir y siga cociéndolo, removiendo, hasta que la salsa esté espesa y clara.

6 Sirva de inmediato el estofado, en una fuente caliente y espolvoreado con el cilantro picado.

SUGERENCIA

Si queda demasiado líquido, hierva el estofado a fuego vivo 1 minuto antes de añadir la harina de maíz, para reducirlo un poco.

Bambú con jengibre y pimientos

Para 4 personas

INGREDIENTES

2 cucharadas de aceite de
cacahuete

225 g de tallos de bambú de lata,
escurridos y enjuagados

1 trozo de jengibre fresco de
2,5 cm, finamente picado

1 puerro cortado en rodajas

1 pimiento rojo, despepitado
y cortado en rodajitas

1 pimiento verde, despepitado
y cortado en rodajitas

1 pimiento amarillo, despepitado
y cortado en rodajitas

125 ml de caldo de verduras

1 cucharada de salsa de soja

2 cucharaditas de azúcar moreno

2 cucharaditas de vino de arroz
chino o jerez seco

1 cucharadita de harina de maíz

2 cucharaditas de agua

aceite de sésamo

1 Caliente un wok, vierta el aceite de cacahuete y caliéntelo.

2 Saltee el bambú, el jengibre, los pimientos y el puerro, 2-3 minutos.

3 Agregue el caldo, la salsa de soja, el azúcar y el vino de arroz chino o el jerez, y llévelo a ebullición, mientras remueve. Reduzca el fuego y cuézalo a fuego suave unos 4-5 minutos, o hasta que las verduras se empiecen a ablandar.

4 Deslía la harina de maíz en el agua.

5 Incorpórelo. Llévelo a ebullición y cuézalo, removiendo, hasta que la salsa se espese y esté clara.

6 Rocíe con 1 cucharadita de aceite de sésamo, y déjelo al fuego 1 minuto. Sirva el plato bien caliente.

SUGERENCIA

Para un toque picante, añada una guindilla roja fresca picada o unas gotas de salsa de guindilla.

Tallos de bambú con espinacas

Para 4 personas

INGREDIENTES

3 cucharadas de aceite de cacahuete	2 guindillas rojas frescas cortadas en rodajas	1 cucharada de salsa de soja clara
225 g de espinacas picadas	una pizca de canela en polvo	
175 g de tallos de bambú de lata, escurridos y enjuagados	300 ml de caldo de verduras	
1 diente de ajo chafado	una pizca de azúcar	
	una pizca de sal	

1 Caliente un wok, en seco, vierta el aceite de cacahuete y caliéntelo.

2 Saltee las espinacas y los tallos de bambú durante 1 minuto.

3 Agregue la canela, el ajo y la guindilla, y saltee otros 30 segundos.

4 Incorpore el caldo de verduras, el azúcar, la sal y la salsa de soja, y cuézalo a fuego medio durante unos 5 minutos, o hasta que las verduras estén cocidas y la salsa se haya reducido.

Disponga el bambú y las espinacas en una fuente caliente, y sírvalo de inmediato.

SUGERENCIA

Si al cabo de los 5 minutos de cocción del paso 4 queda demasiado líquido en el wok, deslía un poco de harina de maíz con el doble de agua fría, e incorpórelo en la salsa.

SUGERENCIA

Es muy difícil encontrar tallos de bambú frescos en Occidente, y además se tarda mucho en prepararlos. Los tallos de bambú de lata resultan adecuados, pues se utilizan para aportar una textura crujiente más que por su sabor, que es bastante insípido.

Tofu agridulce con verduras

Para 4 personas

INGREDIENTES

2 tallos de apio

1 zanahoria

1 pimiento verde despepitado

75 g de tirabeques

2 cucharadas de aceite vegetal

2 dientes de ajo chafados

8 mazorquitas de maíz

125 g de brotes de soja

450 g de tofu cortado en dados

arroz o fideos, para acompañar

SALSA:

2 cucharadas de azúcar moreno claro

2 cucharadas de vinagre

225 ml de caldo de verduras

1 cucharadita de pasta de tomate

1 cucharada de harina de maíz

1 Corte el apio en rodajas finas; la zanahoria, en juliana; el pimiento, en dados, y los tirabeques, por la mitad en diagonal.

2 Caliente un wok en seco, vierta el aceite y caliéntelo hasta que casi humee. Baje un poco la temperatura, añada el ajo, el apio, la zanahoria, el pimiento, los tirabeques y las mazorquitas, y saltee durante 3-4 minutos.

3 Incorpore los brotes de soja y el tofu, y saltee 2 minutos más, removiendo.

4 Para la salsa, mezcle el azúcar con el vinagre, el caldo, la pasta de tomate y la harina de maíz, y remueva para mezclarlo todo bien. Vierta la salsa en el wok, llévelo a ebullición y cuézalo, removiendo, hasta que la salsa se espese y esté clara. Cuézalo 1 minuto más. Sírvalo con arroz o fideos.

SUGERENCIA

Remueva con cuidado, para que el tofu no se rompa.

Brécol al jengibre

Para 4 personas

INGREDIENTES

2 cucharadas de aceite de cacahuete	675 g de ramitos de brécol	125 ml de caldo de verduras
1 diente de ajo chafado	1 puerro cortado en rodajas	1 cucharadita de salsa de soja oscura
1 trozo de jengibre fresco de 5 cm, finamente picado	75 g de castañas de agua partidas por la mitad	1 cucharadita de harina de maíz
	½ cucharadita de azúcar lustre	2 cucharaditas de agua

1 Caliente el aceite en un wok precalentado. Añada el ajo y el jengibre, y saltee 30 segundos. Agregue el brécol, el puerro y las castañas de agua y saltee durante 3-4 minutos.

2 Agregue el azúcar, el caldo y la salsa de soja, reduzca la temperatura y cuézalo a fuego suave unos 4-5 minutos o hasta que el brécol esté casi cocido.

3 Deslía la harina de maíz con el agua para formar una pasta suave y añádala al wok. Llévelo a ebullición y rehogue 1 minuto más, sin dejar de remover. Sirva el brécol de inmediato, en una fuente caliente.

SUGERENCIA

Si prefiere un sabor a jengibre menos intenso, córtelo en tiras en lugar de picarlo, saltéelo según se indica y a continuación retírelo del wok y deséchelo.

VARIACIÓN

Si lo desea, sustituya el brécol por espinacas. Deseche la parte dura de los tallos y corte el resto en trozos de 5 cm, separando los tallos de las hojas. Añada los tallos junto con el puerro en el paso 1, y las hojas, 2 minutos después. Reduzca el tiempo de cocción del paso 2 a 3-4 minutos.

Patatas fritas al estilo chino

Para 4 personas

INGREDIENTES

650 g de patatas medianas
8 cucharadas de aceite vegetal
1 guindilla roja fresca, partida
    por la mitad
1 cebolla pequeña, en cuartos

2 dientes de ajo cortados por la
    mitad
2 cucharadas de salsa de soja
una pizca de sal
1 cucharadita de vinagre

1 cucharada de sal marina gruesa
una pizca de guindilla molida

1 Pele las patatas y córtelas a lo largo en rodajitas. Corte las rodajas en bastoncitos.

2 Escalde los bastoncitos de patata en agua hirviendo 2 minutos, escúrralos, páselos bajo el chorro de agua fría y vuelva a escurrirlos. Séquelos bien con papel de cocina.

3 Caliente un wok en seco, vierta el aceite y caliéntelo hasta que casi humee. Añada la guindilla, la cebolla y el ajo, y saltee durante 30 minutos. Retire y deseche la guindilla, la cebolla y el ajo.

4 Fría las patatas con el aceite aromatizado, durante 3-4 minutos o hasta que estén doradas.

5 Agregue la salsa de soja, la sal y el vinagre, baje la temperatura y fría 1 minuto más, o hasta que las patatas estén crujientes.

6 Retire las patatas con una espumadera y deje que se escurran sobre papel absorbente.

7 Sirva las patatas fritas en una fuente, espolvoreadas con sal marina y guindilla molida.

VARIACIÓN

Espolvoree las patatas con otro condimento, como curry en polvo, o sírvalas con una salsa de guindilla para mojar.

Ensalada de pepino y brotes de soja

Para 4 personas

INGREDIENTES

350 g de brotes de soja	1 tallo de apio cortado en juliana	2 cucharaditas de aceite de
1 pepino pequeño	1 diente de ajo chafado	sésamo
1 pimiento verde, despepitado	2 cucharadas de salsa de soja	16 tallos de cebollino fresco
y cortado en juliana	clara	
1 zanahoria cortada en juliana	un chorrito de salsa de guindilla	
2 tomates finamente picados	1 cucharadita de vinagre	

1 Escalde los brotes de soja en agua hirviendo durante 1 minuto. Escúrralos bien y páselos bajo el chorro de agua fría. Escúrralos.

2 Corte el pepino por la mitad a lo largo. Extraiga las semillas con una cucharita y deséchelas. Corte la pulpa en juliana y mézclela con los brotes de soja, el pimiento verde, la zanahoria, el tomate y el apio.

3 Mezcle el ajo con la salsa de guindilla, la de soja, el vinagre y el aceite de sésamo. Vierta el aliño sobre las verduras y remueva para que queden bien recubiertas. Sirva la ensalada en platos individuales, adornada con el cebollino.

SUGERENCIA

Prepare las verduras con antelación, pero no las mezcle hasta el momento de servir, porque los brotes de soja perderían color.

VARIACIÓN

Puede sustituir el pepino por 350 g de judías verdes o tirabeques cocidos ya fríos.
Para obtener un sabor distinto, puede sustituir, asimismo, los brotes de soja por brotes de azuki, alfalfa, o los más conocidos brotes de habichuelas mung.

Arroz y fideos

Ningún libro de cocina chino estaría completo si no incluyera recetas de arroz y fideos. A veces se piensa que en China todas las comidas se acompañan con arroz, pero, aunque en parte es verdad, muchas veces el arroz se sustituye por deliciosas preparaciones de fideos.

En este capítulo encontrará sabrosas recetas de arroz que se pueden servir solas o como guarnición. Los chinos utilizan arroz de grano largo, de grano corto o glutinoso, y los auténticos expertos jamás utilizarían arroz de "cocción rápida". Para disfrutarlas al máximo, procure comprar el más adecuado para las recetas de este capítulo. El arroz frito es el más popular en los restaurantes chinos occidentales, y de este plato se incluyen aquí algunas variaciones.

En China existe una amplia variedad de fideos, de trigo, trigo sarraceno y harina de arroz. En este capítulo se saca el máximo partido a los fideos, con los que se preparan platos únicos y guarniciones.

Arroz frito con huevo

Para 4 personas

INGREDIENTES

150 g de arroz de grano largo	125 g de guisantes hervidos
3 huevos batidos	1 cucharada de salsa de soja
2 cucharadas de aceite	clara
vegetal	una pizca de sal
2 dientes de ajo chafados	cebolleta cortada en tiras finas,
4 cebolletas picadas	para adornar

1 Cueza el arroz en agua hirviendo 10-12 minutos, hasta que casi se haya cocido pero no blando. Escúrralo, páselo bajo el chorro de agua fría y vuelva a escurrirlo.

2 Ponga el huevo en un cazo y caliéntelo a fuego lento, removiendo, hasta que esté ligeramente cuajado, sin hacerlo demasiado.

3 Caliente un wok, vierta el aceite y caliéntelo. Saltee el ajo, la cebolleta y los guisantes, removiendo de vez en cuando, durante 1-2 minutos.

4 Incorpore el arroz y mezcle bien.

5 Añada el huevo, la salsa de soja y la sal, y remueva para mezclarlo todo bien.

6 Sirva el arroz frito en platos individuales, con las tiras de cebolleta.

VARIACIÓN

Si lo desea, puede añadir gambas, jamón en dulce o carne de pollo en el paso 3.

SUGERENCIA

El arroz se lava con agua fría para eliminar el almidón, de forma que quede más suelto.

Arroz frito con cerdo

Para 4 personas

INGREDIENTES

150 g de arroz de grano largo

3 cucharadas de aceite de cacahuete

1 cebolla grande cortada en 8 gajos

2 dientes de ajo chafados

225 g de solomillo de cerdo cortado en lonchas finas

2 champiñones grandes cortados en láminas

1 cucharada de salsa de soja clara

1 cucharadita de azúcar moreno claro

2 tomates, sin piel ni semillas, picados

60 g de guisantes cocidos

2 huevos batidos

1 Cueza el arroz con agua hirviendo durante unos 15 minutos, hasta que casi esté cocido, pero no blando. Escúrralo bien, páselo bajo el chorro de agua fría y vuelva a escurrirlo.

2 Caliente un wok en seco, vierta el aceite y caliéntelo. Añada la cebolla y la carne, y saltee 3-4 minutos, o hasta que empiecen a cambiar de color.

3 Incorpore el ajo y los champiñones, y saltee 1 minuto más.

4 Agregue la salsa de soja y el azúcar, y saltee otros 2 minutos.

5 Incorpore el arroz, el tomate y los guisantes, y mezcle bien. Póngalo en una fuente caliente.

6 Vierta el huevo en el wok y cuézalo, removiendo, 2-3 minutos, hasta que ya empiece a cuajar.

7 Vuelva a poner el arroz con carne y verduras en el wok, y mezcle bien. Sirva el arroz en los platos.

SUGERENCIA

Puede cocer el arroz con antelación, y guardarlo en la nevera o el congelador.

Arroz frito con verduras

Para 4 personas

INGREDIENTES

125 g de arroz blanco de grano largo

3 cucharadas de aceite de cacahuete

1/2 cucharadita de mezcla china de 5 especias

2 dientes de ajo chafados

60 g de judías verdes finas

1 pimiento verde, despepitado y picado

4 mazorquitas de maíz cortadas en rodajas

25 g de tallos de bambú picados

3 tomates, sin piel ni semillas, picados

60 g de guisantes cocidos

1 cucharadita de aceite de sésamo

1 Cueza el arroz en agua hirviendo 15 minutos. Escúrralo bien, páselo bajo el chorro de agua fría y vuelva a escurrirlo.

2 Caliente un wok en seco, vierta el aceite de cacahuete y caliéntelo.

3 Saltee el ajo y el polvo de 5 especias durante 30 segundos.

4 Añada las judías verdes, las mazorquitas y el pimiento, y saltee otros 2 minutos.

5 Incorpore el bambú, el tomate, los guisantes y el arroz, y saltee 1 minuto.

6 Rocíe el arroz frito y las verduras con aceite de sésamo, y sírvalo de inmediato, en platos individuales calientes.

VARIACIÓN

En el paso 5, puede añadir unos anacardos tostados, y saltearlos hasta que estén ligeramente dorados.

SUGERENCIA

Esta receta se puede elaborar con cualquier mezcla de verduras, siempre que se corten todas con un tamaño similar, para que se cuezan de manera uniforme.

Arroz verde frito

Para 4 personas

INGREDIENTES

150 g de arroz de grano largo
2 cucharadas de aceite vegetal
1 cucharadita de jengibre fresco
rallado
2 dientes de ajo chafados

1 zanahoria cortada en juliana
1 calabacín cortado en dados
225 g de espinacas tiernas
2 cucharaditas de salsa de soja
clara

2 cucharaditas de azúcar moreno
claro

1 Cueza el arroz en agua hirviendo 15 minutos. Escúrralo bien, páselo bajo el chorro de agua fría y vuelva a escurrirlo.

2 Caliente un wok en seco, vierta el aceite vegetal y caliéntelo.

3 Saltee el ajo y el jengibre unos 30 segundos.

4 Añada la zanahoria y el calabacín, y saltee otros 2 minutos.

5 Incorpore las espinacas tiernas y saltee 1 minuto, hasta que se hayan ablandado.

6 Añada el arroz, la salsa de soja y el azúcar, y remueva para mezclar bien todos los ingredientes.

7 Sirva el arroz frito verde de inmediato, en platos individuales calientes.

VARIACIÓN

Si sustituye las espinacas por col china, obtendrá un plato de un color verde más pálido.

SUGERENCIA

La salsa de soja clara tiene más sabor. La oscura es más dulzona y da a los platos un intenso color rojizo.

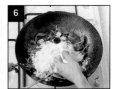

Arroz frito especial

Para 4 personas

INGREDIENTES

150 g de arroz de grano largo
2 cucharadas de aceite vegetal
2 huevos batidos
2 dientes de ajo chafados
1 cucharadita de jengibre fresco
  rallado

3 cebolletas cortadas
  en rodajas
75 g de guisantes cocidos
150 g de brotes de soja
225 g de jamón en dulce, cortado
  en tiras finas

150 g de gambas cocidas
  y peladas
2 cucharadas de salsa de soja
  clara

1 Cueza el arroz en agua hirviendo 15 minutos. Escúrralo bien, páselo bajo el chorro de agua fría y vuelva a escurrirlo.

2 Caliente 1 cucharada de aceite en un wok precalentado, y añada el huevo batido y 1 cucharadita más de aceite. Incline el wok para que el huevo cubra la base y forme una tortilla fina. Cuájela hasta que esté ligeramente dorada, déle la vuelta y hágala por el otro lado 1 minuto. Retírela del wok y deje que se enfríe.

3 Caliente el resto del aceite en el wok, y saltee el ajo y el jengibre durante unos 30 segundos.

4 Añada la cebolleta, los guisantes, los brotes de soja, el jamón y las gambas, y saltee 2 minutos más.

5 Agregue la salsa de soja y el arroz, y saltee otros 2 minutos. Reparta el arroz entre los platos.

6 Antes de servir, enrolle la tortilla, córtela en rodajitas y decore los platos.

SUGERENCIA

Como esta receta contiene carne y pescado, resulta ideal para servirla con algún sencillo plato de verdura.

Estofado de arroz y pollo

Para 4 personas

INGREDIENTES

150 g de arroz de grano largo
1 cucharada de jerez seco
2 cucharadas de salsa de soja clara
2 cucharadas de salsa de soja oscura
2 cucharaditas de azúcar moreno
1 cucharadita de sal

1 cucharadita de aceite de sésamo
900 g de carne de pollo, en dados
850 ml de caldo de pollo
2 champiñones grandes cortados en láminas
60 g de castañas de agua, cortadas por la mitad

75 g de ramitos de brécol
1 pimiento amarillo, en rodajas
4 cucharaditas de jengibre rallado
tallos de cebollino, para decorar

1 Cueza el arroz en agua hirviendo 15 minutos. Escúrralo bien, páselo bajo el chorro de agua fría y vuelva a escurrirlo.

2 Ponga el jerez, las salsas de soja, el azúcar, la sal y el aceite de sésamo en un cuenco grande, y mezcle bien.

3 Introduzca el pollo en el cuenco, y remueva para que se impregne bien con la salsa. Déjelo macerar durante unos 30 minutos.

4 En una cazuela grande o un wok precalentado, lleve el caldo de pollo a ebullición.

5 Añada el pollo con su líquido de maceración, los champiñones, las castañas de agua, el brécol, el pimiento y el jengibre.

6 Incorpore el arroz, baje la temperatura, cubra la cazuela o el wok y cuézalo 25-30 minutos, o hasta que el pollo y las verduras estén totalmente cocidos.

7 Sirva el estofado en platos individuales, adornado con el cebollino.

VARIACIÓN

Esta receta también es adecuada para carne de buey o de cerdo. Puede utilizar setas chinas deshidratadas en lugar de champiñones frescos, remojándolas antes de incorporarlas.

Arroz frito con cangrejo

Para 4 personas

INGREDIENTES

150 g de arroz de grano largo
2 cucharadas de aceite
de cacahuete
125 g de carne blanca de
cangrejo, de lata, escurrida
1 puerro cortado en rodajas

150 g de brotes de soja
2 huevos batidos
1 cucharada de salsa de soja
clara
2 cucharaditas de zumo
de lima

1 cucharadita de aceite
de sésamo
rodajas de lima, para decorar

1 Cueza el arroz en agua hirviendo durante unos 15 minutos. Escúrralo bien, páselo bajo el chorro de agua fría y vuelva a escurrirlo.

2 Caliente un wok en seco, vierta el aceite de cacahuete y caliéntelo.

3 Añada la carne de cangrejo, el puerro y los brotes de soja al wok, y saltee unos 2-3 minutos. Retírelo todo del wok con una espumadera, y resérvelo hasta que lo necesite.

4 Vierta el huevo en el wok y cuézalo, removiendo de vez en cuando, durante unos 2-3 minutos, hasta que empiece a cuajar.

5 Incorpore en el wok el arroz, así como la mezcla de verduras y carne de cangrejo.

6 Agregue la salsa de soja y el zumo de lima. Déjelo cocer 1 minuto, removiendo para mezclar los ingredientes, y después rocíe con el aceite de sésamo.

7 Sirva el arroz frito con cangrejo bien caliente, en platos individuales, adornado con rodajas de lima.

VARIACIÓN

Para un plato especial, utilice langosta cocida en lugar de cangrejo.

Fideos fritos con verduras

Para 4 personas

INGREDIENTES

350 g de fideos al huevo secos

2 cucharadas de aceite de
cacahuete

2 dientes de ajo chafados

1/2 cucharadita de anís estrellado
molido

1 zanahoria cortada en juliana

1 pimiento verde, en juliana

1 cebolla cortada en rodajas

125 g de ramitos de brécol

75 g de tallos de bambú

1 tallo de apio, en rodajas

1 cucharada de salsa de soja
clara

150 ml de caldo de verduras

aceite para freir

1 cucharadita de harina de maíz

2 cucharaditas de agua

1 Cueza los fideos en agua hirviendo 1-2 minutos. Escúrralos bien y páselos bajo el chorro de agua fría. Deje que se escurran en un escurridor.

2 Caliente un wok, vierta el aceite y caliéntelo hasta que humee. Baje el fuego, y saltee el ajo y el anís estrellado unos 30 segundos. Añada el resto de las verduras y saltee 1-2 minutos.

3 Agregue la salsa de soja y el caldo, y cuézalo a fuego suave unos 5 minutos.

4 Caliente el aceite para freír a 180 ºC, o hasta que un dado de pan se dore en 30 segundos.

5 Forme nidos con los fideos, y fríalos en tandas hasta que estén crujientes, dándoles la vuelta una vez. Deje que se escurran sobre papel de cocina.

6 Deslía la harina de maíz en el agua para formar una pasta, y añádala al wok. Llévelo a ebullición, y remueva hasta que la salsa se haya espesado y esté clara.

7 Coloque los nidos de fideos en los platos calientes, ponga las verduras encima y sirva de inmediato.

SUGERENCIA

Asegúrese de que los fideos estén bien secos antes de freírlos, para que el aceite no salte.

Fideos con pollo

Para 4 personas

INGREDIENTES

225 g de fideos de arroz
2 cucharadas de aceite de cacahuete
225 g de pechuga de pollo deshuesada, sin piel y cortada en tiras delgadas
2 dientes de ajo chafados
1 cucharadita de jengibre rallado

1 cucharadita de curry chino en polvo
1 pimiento rojo, despepitado y cortado en rodajitas
75 g de tirabeques cortados en tiras
1 cucharada de salsa de soja clara

2 cucharaditas de vino de arroz
2 cucharadas de caldo de pollo
1 cucharadita de aceite de sésamo
1 cucharada de cilantro picado

1 Deje los fideos en remojo unos 4 minutos en agua caliente. Escúrralos bien y resérvelos.

2 Caliente un wok en seco, vierta el aceite y caliéntelo. Saltee el pollo durante 2-3 minutos.

3 Añada el ajo, el jengibre y el curry en polvo, y saltee 30 segundos más.

4 Incorpore el pimiento y los tirabeques, y saltee durante 2-3 minutos.

5 Agregue los fideos, la salsa de soja, el vino de arroz chino y el caldo de pollo, y caliéntelo bien, removiendo de vez en cuando, durante 1 minuto.

6 Rocíe con el aceite de sésamo y espolvoree con el cilantro.

7 Sirva los fideos de inmediato, en platos individuales calientes.

VARIACIÓN

En lugar de pollo, puede utilizar carne de cerdo o de pato para esta receta, si lo prefiere.

Fideos con gambas al curry

Para 4 personas

INGREDIENTES

225 g de fideos de arroz	225 g de gambas crudas peladas	cebollino fresco picado, para
4 cucharadas de aceite vegetal	2 dientes de ajo chafados	adornar
1 cebolla cortada en rodajas	6 cebolletas picadas	
2 lonchas de jamón en dulce,	1 cucharada de salsa de soja	
cortadas en tiras	clara	
2 cucharadas de curry chino	2 cucharadas de salsa *hoisin*	
en polvo	1 cucharada de jerez seco	
150 ml de caldo de pescado	2 cucharaditas de zumo de lima	

1 Cueza los fideos en agua hirviendo durante 3-4 minutos. Escúrralos bien, páselos bajo el chorro de agua fría y vuelva a escurrirlos. Reserve.

2 Caliente un wok en seco, vierta 2 cucharadas de aceite y caliéntelo.

3 Saltee la cebolla y el jamón durante 1 minuto.

4 Añada el curry en polvo al wok y saltee durante 30 segundos más.

5 Incorpore los fideos y el caldo, y cuézalo durante 2-3 minutos. Retire los fideos del wok y manténgalos calientes.

6 Caliente el resto del aceite en el wok. Incorpore las gambas, el ajo y la cebolleta, y saltee 1 minuto.

7 Agregue la salsa de soja, la salsa *hoisin*, el jerez y el zumo de lima, y agite para mezclar bien. Vierta la salsa sobre los fideos, agite para mezclar y adorne con el cebollino picado.

VARIACIÓN

Puede utilizar gambas cocidas si lo prefiere, pero entonces agréguelas en el último minuto, sólo para calentarlas. Si las cuece en exceso, quedarán duras y correosas.

Fideos al estilo de Singapur

Para 4 personas

INGREDIENTES

225 g de fideos al huevo secos
6 cucharadas de aceite vegetal
4 huevos batidos
1¹/₂ cucharaditas de guindilla
   molida
225 g de pollo sin hueso ni piel,
   cortado en tiras delgadas
3 dientes de ajo chafados

3 tallos de apio, en rodajas
1 pimiento verde, despepitado
   y cortado en rodajas
4 cebolletas cortadas en rodajas
25 g de castañas de agua
   cortadas en cuartos
2 guindillas rojas frescas,
   cortadas en rodajas

300 g de gambas cocidas, peladas
175 g de brotes de soja
2 cucharaditas de aceite
   de sésamo

1 Deje en remojo los fideos en agua caliente unos 4 minutos, o hasta que se hayan ablandado. Deje que se escurran sobre papel de cocina.

2 Caliente 2 cucharadas de aceite en un wok precalentado. Vierta el huevo y saltéelo hasta que cuaje. Retírelo del wok, y resérvelo caliente.

3 Vierta el resto del aceite en el wok y saltee el ajo y la guindilla 30 segundos.

4 Incorpore el pollo y saltee unos 4-5 minutos, hasta que empiece a dorarse.

5 Incorpore el apio, el pimiento, la cebolleta, las castañas de agua y la guindilla, y saltee durante otros 8 minutos, o hasta que el pollo esté totalmente cocido.

6 Añada las gambas y los fideos reservados, así como los brotes de soja, y agite para mezclarlo todo bien.

7 Desmenuce el huevo cuajado con un tenedor, y espárzalo por encima de los fideos. Rocíe con el aceite de sésamo y sirva de inmediato.

SUGERENCIA

En el último momento, todos los ingredientes se saltean juntos en el wok, para que se calienten bien y no estén fríos en el momento de servirlos.

Fideos con cerdo picante

Para 4 personas

INGREDIENTES

350 g de carne de cerdo picada

1 cucharada de salsa de soja clara

1 cucharada de jerez seco

350 g de fideos al huevo

2 cucharaditas de aceite de sésamo

2 cucharadas de aceite vegetal

2 dientes de ajo chafados

2 cucharaditas de jengibre rallado

2 guindillas rojas frescas, cortadas en rodajas

1 pimiento rojo, despepitado y cortado en rodajas

25 g de cacahuetes sin sal

3 cucharadas de crema de cacahuete

3 cucharadas de salsa de soja oscura

un chorrito de aceite de guindilla

300 ml de caldo de cerdo

1 En un cuenco grande, mezcle la carne con la salsa de soja clara y el jerez seco. Cúbralo y déjelo macerar 30 minutos.

2 Mientras tanto, cueza los fideos en agua hirviendo 4 minutos. Escúrralos bien, páselos bajo el chorro de agua fría y vuelva a escurrirlos.

3 Mezcle los fideos con el aceite de sésamo.

4 Caliente un wok en seco, vierta el aceite vegetal y

caliéntelo. Saltee el ajo con el jengibre, la guindilla y el pimiento rojo durante unos 30 segundos.

5 Incorpore la carne macerada, con su adobo. Siga salteando durante 1 minuto más, hasta que la carne esté sellada.

6 Agregue los cacahuetes, la crema de cacahuete, la salsa de soja, el aceite de guindilla y el caldo de cerdo, y saltee otros 2-3 minutos más, aproximadamente.

7 Añada los fideos, caliéntelos bien y sirva el plato sin dilación.

VARIACIÓN

Esta receta también quedará estupenda con carne picada de pollo o de cordero en lugar de cerdo.

Pollo con fideos crujientes

Para 4 personas

INGREDIENTES

225 g de pechuga de pollo deshuesada y sin piel, cortada en tiras delgadas	2 cucharadas de jerez seco	2 cucharadas de agua
1 clara de huevo	2 cucharadas de salsa de ostras	3 cebolletas picadas
5 cucharaditas de harina de maíz	1 cucharada de salsa de soja clara	
225 g de fideos al huevo finos	1 cucharada de salsa *hoisin*	
320 ml de aceite vegetal	1 pimiento rojo, despepitado y cortado en rodajas muy finas	
600 ml de caldo de pollo		

1 En un cuenco, mezcle el pollo con la clara de huevo y 2 cucharadas de harina de maíz. Déjelo reposar como mínimo 30 minutos.

2 Escalde los fideos en agua hirviendo 2 minutos, y después escúrralos. Caliente un wok en seco, vierta en él 300 ml de aceite y caliéntelo. Fría los fideos a fuego lento, extendiéndolos para que cubran la base del wok, durante unos 5 minutos, hasta que estén dorados por

debajo. Déles la vuelta y dórelos por el otro lado. Cuando estén dorados del todo y crujientes, retírelos del wok, póngalos en una fuente y manténgalos calientes. Retire el aceite del wok.

3 Vierta en el wok 300 ml de caldo. Retírelo del fuego e incorpore el pollo, removiendo bien para que no se pegue. Vuelva a poner el wok al fuego y cueza el pollo durante 2 minutos. Escúrralo y deseche el caldo.

4 Limpie el wok con papel de cocina, y vuelva a ponerlo al fuego. Añada el jerez, las salsas de ostras, de soja y *hoisin*, el pimiento y el resto de caldo, y llévelo a ebullición. Deslía el resto de la harina de maíz con agua para formar una pasta, e incorpórela en el wok. Vuelva a poner el pollo en el wok, y cuézalo durante 2 minutos, para que se caliente bien. Disponga el pollo y el pimiento sobre los fideos crujientes, y esparza por encima la cebolleta.

Fideos de celofán con salsa de habichuelas amarillas

Para 4 personas

INGREDIENTES

175 g de fideos de celofán	1 cucharadita de salsa de guindilla	1 cucharadita de aceite de sésamo
1 cucharada de aceite de cacahuete	2 cucharadas de salsa de habichuelas amarillas	cebollino picado, para decorar
1 puerro cortado en rodajas	450 ml de caldo de pollo	
2 dientes de ajo chafados	4 cucharadas de salsa de soja clara	
450 g de carne de pollo picada		

1 Deje los fideos en remojo en agua hirviendo unos 15 minutos. Escúrralos bien y córtelos en trozos cortos con unas tijeras.

2 Caliente un wok en seco, vierta el aceite y caliéntelo. Saltee el puerro y el ajo durante 30 segundos.

3 Añada el pollo al wok, y saltee 4-5 minutos, hasta que esté totalmente cocido.

4 Vierta el caldo de pollo, la salsa de guindillas, la de habichuelas amarillas y la de soja, y cuézalo durante 3-4 minutos.

5 Incorpore los fideos reservados y el aceite de sésamo, y cuézalo todo junto, removiendo para mezclar bien, unos 4-5 minutos.

6 Ponga los fideos, junto con el pollo y la salsa en boles individuales calientes, espolvoree con el cebollino picado y sírvalo bien caliente.

SUGERENCIA

Encontrará fideos de celofán en muchos supermercados y en todas las tiendas de alimentación chinas.

Fideos con langostinos

Para 4 personas

INGREDIENTES

225 g de fideos al huevo finos
2 cucharadas de aceite
de cacahuete
1 diente de ajo chafado
½ cucharadita de anís
estrellado

1 manojo de cebolletas cortadas
en trozos de 5 cm
24 langostinos crudos, pelados
pero con la cola intacta
2 cucharadas de salsa de soja
clara

2 cucharaditas de zumo de lima
gajos de lima, para decorar

1 Escalde los fideos en agua hirviendo unos 2 minutos. Escúrralos bien, páselos bajo el chorro de agua fría y vuelva a escurrirlos.

2 Caliente un wok en seco, vierta el aceite y caliéntelo hasta que casi humee.

3 Saltee el ajo con el anís estrellado durante unos 30 segundos.

4 Incorpore las cebolletas y los langostinos, y saltee 2-3 minutos.

5 Agregue la salsa de soja, el zumo de lima y los fideos, y mézclelo todo bien. Caliéntelo durante 1 minuto. Sirva de inmediato los fideos con langostinos, en boles calientes, adornados con los gajos de lima.

VARIACIÓN

Este plato queda igual de sabroso con gambas cocidas, aunque no tiene el mismo atractivo visual.

SUGERENCIA

Los fideos chinos al huevo se preparan con harina de trigo o de arroz, agua y huevo. Los fideos son un símbolo de longevidad;por eso siempre forman parte de las comidas de cumpleaños y se considera que trae mala suerte cortarlos.

Chow mein de carne

Para 4 personas

INGREDIENTES

450 g de fideos al huevo
4 cucharadas de aceite de
  cacahuete
450 g de carne magra de buey,
  cortada en tiras delgadas
2 dientes de ajo chafados
1 cucharadita de jengibre rallado

1 pimiento verde, en rodajas finas
1 zanahoria cortada en rodajitas
2 tallos de apio cortados en
  rodajas
8 cebolletas
1 cucharadita de azúcar moreno
  oscuro

1 cucharada de jerez seco
2 cucharadas de salsa de soja
  oscura
unas gotas de salsa de guindilla

1 Cueza los fideos en agua salada durante 4-5 minutos. Escúrralos bien, páselos bajo el chorro de agua fría y vuelva a escurrirlos.

2 Vierta 1 cucharada de aceite por encima de los fideos y mezcle bien.

3 Caliente un wok en seco, vierta el resto del aceite y caliéntelo. Saltee la carne 3-4 minutos, removiendo.

4 Saltee el ajo durante 30 segundos.

5 Añada el pimiento, la zanahoria, el apio y las cebolletas, y saltee durante 2 minutos.

6 Agregue el azúcar, el jerez y las salsas de soja y de guindilla, y saltee, removiendo, 1 minuto.

7 Incorpore los fideos, remueva bien, y deje el wok al fuego hasta que todo esté bien caliente.

8 Sirva los fideos de inmediato, en cuencos individuales calientes.

VARIACIÓN

Otros tipos de verdura aportarán también color y sabor a esta receta: utilice, por ejemplo, brécol, pimiento rojo, judías verdes o mazorquitas.

Fideos fritos a la cantonesa

Para 4 personas

INGREDIENTES

350 g de fideos al huevo	6 cebolletas cortadas en rodajas	1 cucharada de azúcar moreno
3 cucharadas de aceite vegetal	25 g de judías verdes cortadas	claro
675 g de carne magra de buey,	por la mitad	2 cucharadas de perejil fresco
cortada en tiras delgadas	1 cucharada de salsa de soja	picado, para adornar
125 g de col verde, cortada	oscura	
en tiras finas	2 cucharadas de caldo de carne	
75 g de tallos de bambú	1 cucharada de jerez seco	

1 Cueza los fideos en agua hirviendo 2-3 minutos. Escúrralos bien, páselos bajo el chorro de agua fría y vuelva a escurrirlos.

2 Caliente un wok en seco, vierta en él 1 cucharada de aceite vegetal y caliéntelo.

3 Saltee los fideos durante 1-2 minutos. Escúrralos y resérvelos hasta que los necesite.

4 Caliente el resto del aceite en el wok. Saltee la carne durante 2-3 minutos.

5 Incorpore la col, los tallos de bambú, la cebolleta y las judías verdes, y saltee 1-2 minutos más.

6 Agregue la salsa de soja, el caldo, el jerez y el azúcar, y remueva para mezclarlo todo bien.

7 Vuelva a poner los fideos en el wok y mezcle bien.

8 Sirva los fideos bien calientes, en boles individuales, adornados con perejil picado.

VARIACIÓN

Si lo prefiere, puede utilizar carne magra de cerdo o de pollo en lugar de buey. En este caso, varíe también el tipo de caldo.

Fideos fritos con setas y cerdo

Para 4 personas

INGREDIENTES

450 g de fideos al huevo finos
2 cucharadas de aceite de
    cacahuete
350 g de solomillo de cerdo
    cortado en lonchas finas
2 dientes de ajo chafados

1 cebolla cortada en 8 gajos
225 g de setas chinas frescas
4 tomates, pelados, despepitados
    y cortados en rodajitas
2 cucharadas de salsa de soja
    clara

50 ml de caldo de cerdo
1 cucharada de cilantro picado

1 Cueza los fideos en agua hirviendo durante unos 2-3 minutos. Escúrralos bien, páselos bajo el chorro de agua fría y vuelva a escurrirlos.

2 Caliente un wok en seco, vierta en él 1 cucharada de aceite de cacahuete, y caliéntelo.

3 Saltee los fideos en el wok durante 2 minutos.

4 Con una espumadera, retire los fideos del wok; escúrralos bien y resérvelos.

5 Caliente el resto del aceite en el wok y saltee la carne durante 4-5 minutos.

6 Incorpore el ajo y la cebolla, y saltee unos 2-3 minutos más.

7 Incorpore las setas, el tomate, la salsa de soja, el caldo y los fideos. Remueva bien y cuézalo todo junto 1-2 minutos.

8 Espolvoree el plato con el cilantro picado y sírvalo inmediatamente.

SUGERENCIA

Si quiere que los fideos queden más crujientes, fríalos con 2 cucharadas más de aceite unos 5-6 minutos, extiéndalos bien por la superficie del wok, y déles la vuelta a media cocción.

Cordero con fideos transparentes

Para 4 personas

INGREDIENTES

150 g de fideos de celofán
2 cucharadas de aceite de
cacahuete
450 g de carne magra de
cordero, en tiras delgadas
2 dientes de ajo chafados

2 puerros cortados en rodajas
3 cucharadas de salsa de
soja oscura
250 ml de caldo de cordero
un chorrito de salsa de
guindilla

tiras de guindilla roja, para
adornar

1 En una cazuela grande, lleve agua a ebullición. Añada los fideos y cuézalos 1 minuto. Escúrralos bien, páselos bajo el chorro de agua fría y vuelva a escurrirlos.

2 Caliente un wok en seco, vierta el aceite de cacahuete y caliéntelo. Saltee las tiras de carne de cordero durante 2 minutos.

3 Añada el ajo y el puerro, y saltee 2 minutos más.

4 Agregue la salsa de soja, el caldo y la salsa de guindilla, y cuézalo durante 3-4 minutos, hasta que la carne esté cocida.

5 Incorpore los fideos y caliéntelos bien durante 1 minuto. Sírvalos en platos calientes, adornados con las tiras de guindilla.

SUGERENCIA

Encontrará fideos de celofán, que son transparentes, en las tiendas de alimentación chinas. Si no los encuentra, utilice fideos al huevo y cuézalos siguiendo las instrucciones del envase.

SUGERENCIA

La salsa de guindilla, elaborada con guindillas, vinagre, azúcar y sal, es muy picante, y se debe utilizar con precaución. Se puede sustituir por tabasco.

Fideos de celofán con langostinos

Para 4 personas

INGREDIENTES

175 g de fideos de celofán
1 cucharada de aceite vegetal
1 diente de ajo chafado
2 cucharaditas de jengibre fresco rallado
24 langostinos crudos, pelados y sin el hilo intestinal

1 pimiento rojo, despepitado y cortado en rodajas finas
1 pimiento verde, despepitado y cortado en rodajas finas
1 cebolla picada
2 cucharadas de salsa de soja clara

el zumo de 1 naranja
2 cucharaditas de vinagre
una pizca de azúcar moreno
150 ml de caldo de pescado
1 cucharada de harina de maíz
2 cucharaditas de agua
rodajas de naranja, para decorar

1 Cueza los fideos en agua hirviendo 1 minuto. Escúrralos bien, páselos bajo el chorro de agua fría y vuelva a escurrirlos.

2 Caliente un wok en seco, vierta el aceite y caliéntelo. Saltee el ajo y el jengibre durante 30 segundos.

3 Incorpore los langostinos y saltee 2 minutos más. Retírelos ayudándose con una espumadera, y manténgalos calientes.

4 Ponga los pimientos y la cebolla al wok y saltee durante 2 minutos. Agregue la salsa de soja, el zumo de naranja, el vinagre, el azúcar y el caldo.

5 Vuelva a poner los langostinos en el wok y cuézalo todo junto durante 8-10 minutos, hasta que estén totalmente cocidos.

6 Deslía la harina de maíz en el agua e incorpórela. Llévelo a ebullición, añada los fideos y caliéntelos bien durante 1-2 minutos. Sirva el plato adornado con rodajas de naranja.

VARIACIÓN

El zumo y las rodajas de naranja se pueden sustituir por 3-5 1/2 cucharaditas de zumo y rodajas de limón.

Postres

El concepto de postre es casi desconocido en muchos hogares
orientales, y las siguientes recetas son, bien adaptaciones
de recetas imperiales, o bien deliciosos postres elaborados
con métodos de cocción e ingredientes chinos.
Todas ellas constituyen un perfecto punto final
para cualquier comida.

Los chinos no suelen tomar postres dulces después de comer,
excepto en banquetes y ocasiones especiales. Por lo general,
la fruta fresca se considera una refrescante forma de concluir
una comida abundante. Los dulces, normalmente, se sirven
entre comidas, como tentempié.

En este capítulo hallará recetas de arroz cocido con frutas,
de lichis condimentados con jengibre, un refrescante sorbete
de mandarina, y dátiles envueltos con láminas para
wonton rociados con miel. Éstas son sólo algunas de
las tentadoras propuestas que aquí se ofrecen.

Wonton dulces de fruta

Para 4 personas

INGREDIENTES

12 láminas para *wonton*
2 cucharaditas de harina de maíz
6 cucharadas de agua fría
aceite para freír
2 cucharadas de miel líquida

fruta fresca (por ejemplo kiwi,
lima, naranja, mango y
manzana), cortada en rodajas,
para acompañar

RELLENO:
175 g de dátiles, deshuesados
y picados
2 cucharaditas de azúcar moreno
$^1/_2$ cucharadita de canela en polvo

1 Para hacer el relleno, mezcle en un bol los dátiles con el azúcar y la canela.

2 Extienda las láminas para *wonton* sobre una superficie de trabajo y deposite un poco de relleno en el centro de cada una.

3 Deslía la harina de maíz con el agua y pinte con la pasta los bordes de los *wonton*.

4 Doble las láminas por encima del relleno, frunciendo los bordes, y séllelos con la pasta de harina de maíz.

5 Caliente el aceite para freír en un wok, a 180 °C o hasta que un dado de pan se dore en 30 segundos. Fría los *wonton* en tandas, unos 2-3 minutos, hasta que estén dorados.

6 Retírelos con una espumadera y deje que se escurran sobre papel de cocina.

7 Ponga la miel en un cuenco y déjelo sobre un cazo con agua caliente, para que quede más líquida. Rocíe los *wonton* con la miel, y sírvalos acompañados con una fruta fresca.

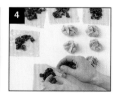

Empanadillas de plátano

Para 4 personas

INGREDIENTES

PASTA:
450 g de harina
60 g de manteca de cerdo
60 g de mantequilla
 sin sal
125 ml de agua
1 yema de huevo batida

azúcar glasé, para espolvorear
nata líquida o helado, para
 acompañar

RELLENO:
2 plátanos grandes
75 g de orejones de albaricoque
 que no requieran remojo,
 finamente picados
una pizca de nuez moscada
un chorrito de zumo de naranja

1 Para hacer la pasta, tamice la harina en un cuenco grande. Añada la manteca y la mantequilla, y trabaje con los dedos hasta obtener una consistencia de pan rallado. Gradualmente, añada el agua para formar una masa suave. Envuélvala en plástico de cocina y gúardela en la nevera 30 minutos.

2 En un cuenco, chafe los plátanos con un tenedor, y añada los orejones picados, la nuez moscada y el zumo de naranja. Mezcle bien.

3 Con el rodillo de cocina, extienda la pasta sobre una superficie ligeramente enharinada y recorte 16 círculos de 10 cm de diámetro.

4 Deposite un poco de relleno sobre una mitad de cada redondel, y dóblelos por encima del relleno para formar las empanadillas. Junte los bordes y séllelos con un tenedor.

5 Coloque las empanadillas sobre una bandeja para el horno antiadherente, y píntelas con la yema de huevo batida.

6 Haga una pequeña incisión en cada empanadilla, y cuézalas en el horno precalentado a 180 °C unos 25 minutos, o hasta que estén doradas.

7 Espolvoréelas con azúcar lustre y sírvalas acompañadas con nata líquida o helado.

Empanadillas de mango

Para 4 personas

INGREDIENTES

PASTA:
2 cucharaditas de levadura
  en polvo
1 cucharada de azúcar lustre
150 ml de agua

150 ml de leche
400 g de harina

RELLENO Y SALSA:
1 mango pequeño

1 lata de 100 g de lichis,
  escurridos
1 cucharada de almendra molida
4 cucharadas de zumo de naranja
canela molida, para espolvorear

1 Para hacer la pasta, ponga la levadura en polvo y el azúcar en un cuenco grande. Mezcle el agua con la leche y viértalo sobre la mezcla de levadura y azúcar; remueva para mezclar bien. Añada la harina y haga una pasta suave. Déjela leudar en un lugar cálido durante 1 hora.

2 Para hacer el relleno, pele el mango y retire el hueso. Pique la pulpa un poco gruesa, y reserve la mitad para la salsa.

3 Pique los lichis y mézclelos con la mitad del mango picado, junto con la almendra molida. Déjelo reposar 20 minutos.

4 Para hacer la salsa, bata el mango reservado con el zumo de naranja en una batidora, hasta obtener un puré fino. Páselo por un colador, para que la salsa sea muy suave.

5 Divida la pasta en 16 porciones. Con el rodillo, extiéndalas sobre una superficie ligeramente enharinada, y forme unos redondeles de 7,5 cm de diámetro.

6 Deposite un poco de relleno de mango y lichis en el centro de cada redondel, y dóblelos por encima para obtener las empanadillas. Pellizque los bordes para sellarlos.

7 Colóquelas sobre una fuente refractaria en una vaporera, cúbrala y cuézalas al vapor unos 20-25 minutos, aproximadamente, o hasta que estén listas.

8 Retire las empanadillas de la vaporera, espolvoree con canela en polvo y sírvalas con la salsa de mango.

Arroz dulce

Para 4 personas

INGREDIENTES

175 g de arroz para pudines

25 g de mantequilla sin sal

1 cucharada de azúcar lustre

8 dátiles, deshuesados y picados

1 cucharada de pasas

5 cerezas confitadas

5 trozos de angélica picada

5 mitades de nuez

125 g de puré de castañas

ALMÍBAR:

150 ml de agua

2 cucharadas de zumo de naranja

4½ cucharaditas de azúcar moreno

1½ cucharaditas de harina de maíz

1 cucharada de agua fría

1 Ponga el arroz en una cazuela, cúbralo con agua fría y llévelo a ebullición. Cuézalo a fuego lento, tapado, 15 minutos o hasta que haya absorbido el agua. Añada la mantequilla y el azúcar. Engrase un molde para pudines de 600 ml de capacidad. Cubra la base y los lados con una capa fina de arroz, presionando con el dorso de una cuchara.

2 Mezcle la fruta con las nueces, coloque la mezcla sobre el arroz y presiónela.

3 Extienda una capa gruesa de arroz por encima, y llene el centro con el puré de castañas. Cubra con el resto del arroz, presionando la parte superior hacia abajo para encerrar el puré. Cubra el molde con papel vegetal plegado, y después con papel de aluminio, y átelo con un cordel. Coloque el pudín en una vaporera o deje el molde en una cazuela y llénela con agua caliente hasta la mitad del molde. Cúbralo y cuézalo al vapor 45 minutos. Déjelo reposar 10 minutos.

4 Antes de servir el pudín, caliente un poco el agua con el zumo de naranja. Añada el azúcar y remueva para disolverlo. Lleve el almíbar a ebullición. Deslía la harina de maíz en el agua para formar una pasta suave, e incorpórela en el jarabe. Déjelo hervir 1 minuto, hasta que esté espeso y claro.

5 Vuelque el pudín sobre un plato de servir. Vierta el almíbar por encima, y sírvalo cortado en varias porciones.

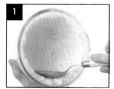

Flanes de arroz con miel

Para 4 personas

INGREDIENTES

300 g de arroz para pudines
2 cucharadas de miel fluida,
y un poco más para rociar
un buen pellizco de canela
en polvo

15 orejones de albaricoque
que no requieran remojo,
picados
3 trozos de jengibre confitado,
escurrido y picado

8 orejones de albaricoque
que no requieran remojo,
enteros, para decorar

1 Ponga el arroz en una cazuela y cúbralo con agua fría. Llévelo a ebullición, baje la temperatura, cúbralo y cuézalo 15 minutos, o hasta que haya absorbido el agua.

2 Incorpore la miel y la canela.

3 Engrase 4 flaneras o tarrinas de 150 ml de capacidad.

4 En una picadora, haga una pasta a base de los orejones picados y el jengibre. Divida la pasta en 4 porciones iguales y déles forma de redondel plano, para que quepan en las flaneras.

5 Reparta la mitad del arroz entre las flaneras y ponga un redondel de pasta de albaricoque encima.

6 Cubra la pasta de albaricoque con el resto del arroz. Cubra las tarrinas con papel vegetal y de aluminio, y cueza los flanes al vapor durante 30 minutos, o hasta que haya cuajado.

7 Retire las tarrinas de la vaporera y deje reposar los flanes 5 minutos.

8 Vuelque los flanes sobre unos platos individuales calientes y rocíe con la miel fluida. Decórelo con los orejones y sirva.

SUGERENCIA

También se pueden dejar enfriar en la nevera, dentro del molde, y desmoldar antes de servirlos, acompañados con helado o nata.

Mousse de mango

Para 4 personas

INGREDIENTES

1 lata de 400 g de mango en
   almíbar
2 trozos de jengibre confitado,
   picados
200 ml de nata líquida espesa

20 g de gelatina en polvo
2 cucharadas de agua caliente
2 claras de huevo
1¹/₂ cucharadas de azúcar
   moreno claro

jengibre confitado y tiras de piel
de lima, para decorar

1 Escurra el mango, reservando el almíbar. Bata los trozos de mango con el jengibre en una picadora o batidora, 30 segundos o hasta obtener un puré fino.

2 Mida el puré y complete hasta los 300 ml con el almíbar reservado.

3 En un cuenco aparte, bata la nata líquida hasta que forme picos suaves. Añada el puré de mango y mezcle bien.

4 Disuelva la gelatina en el agua y deje que se entibie. Vierta la gelatina en la crema

de mango, en un chorrito continuo. Deje que se enfríe en la nevera 30 minutos, hasta que casi esté cuajado.

5 En un cuenco limpio, bata las claras a punto de nieve; a continuación, añada el azúcar. Con una cuchara metálica, mezcle con cuidado las claras montadas con la gelatina de mango.

6 Vierta la mousse en recipientes individuales, y decore con el jengibre confitado y las tiras de piel de lima. Sírvala en cuanto esté lista.

SUGERENCIA

Mezcle la gelatina con el puré de mango virtiendo con cuidado un chorrito continuado, para evitar que se formen grumos al entrar la gelatina en contacto con el puré frío.

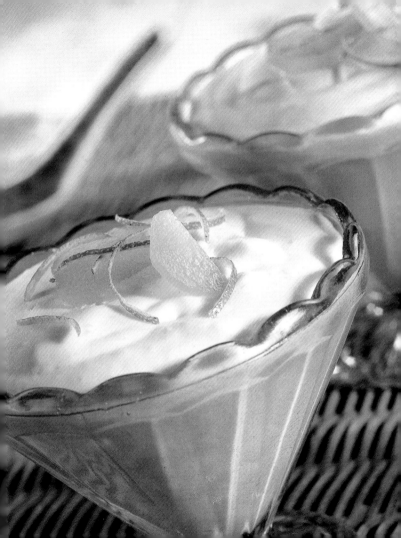

Peras escalfadas con especias

Para 4 personas

INGREDIENTES

4 peras grandes y maduras

300 ml de zumo de naranja

2 cucharaditas de pimienta
de Jamaica

60 g de pasas

2 cucharadas de azúcar moreno
claro

ralladura de naranja, para
decorar

1 Con un vaciador, quite el corazón de las peras. Pélelas y córtelas por la mitad.

2 Ponga las mitades de pera en una cazuela grande.

3 Añada el zumo de naranja, la pimienta de Jamaica, las pasas y el azúcar, y caliéntelo a fuego lento, removiendo, hasta que se haya disuelto el azúcar. Deje que hierva durante 1 minuto.

4 Baje la temperatura al mínimo y cuézalo otros 10 minutos, o hasta que las peras estén cocidas pero todavía firmes: compruébelo insertando la punta de un cuchillo afilado.

5 Con una espumadera, retire las peras de la cazuela y póngalas en los platos. Decore y sírvalas calientes, con el almíbar.

SUGERENCIA

Los chinos no suelen concluir las comidas con un postre, excepto en ocasiones especiales. Por lo general, toman los dulces entre comidas, como tentempié, y consideran que la fruta resulta refrescante después de una comida abundante.

VARIACIÓN

Si lo prefiere, utilice canela en lugar de pimienta de Jamaica, y decore con canela en rama y ramitas de menta fresca.

Tartaletas de crema chinas

Para 4 personas

INGREDIENTES

PASTA:	CREMA:
175 g de harina	2 huevos pequeños
3 cucharadas de azúcar lustre	60 g de azúcar lustre
60 g de mantequilla sin sal	175 ml de leche
25 g de manteca de cerdo	1/2 cucharadita de nuez moscada,
2 cucharadas de agua	y un poco más para
	espolvorear
	nata líquida, para acompañar

1 Para hacer la pasta, tamice la harina en un cuenco. Añada el azúcar, y después la mantequilla y la manteca, trabajando con los dedos, hasta obtener una consistencia de pan rallado. Agregue el agua y forme una masa.

2 Ponga la pasta sobre una superficie enharinada y amásela 5 minutos, hasta que esté bien lisa. Envuélvala con plástico de cocina y deje que se enfríe en la nevera mientras prepara el relleno.

3 Para la crema, bata los huevos con el azúcar. Incorpore la leche poco a poco, y la nuez moscada, y bata bien hasta obtener una mezcla homogénea.

4 Divida la pasta en 15 partes iguales. Aplane las porciones de pasta, forme redondeles y forre con ellos los moldes para tartaleta.

5 Reparta la crema en las tartaletas. Cuézalas en el horno precalentado a 150 °C, unos 25-30 minutos.

6 Deje que las tartaletas se se entibien sobre una rejilla metálica. Espolvoréelas con nuez moscada y sírvalas acompañadas con nata líquida.

SUGERENCIA

Puede preparar la pasta con antelación, cubrirla y guardarla en la nevera hasta que la necesite.

Lichis con sorbete de mandarina

Para 4 personas

INGREDIENTES

SORBETE:

225 g de azúcar lustre

450 ml de agua fría

1 lata de 350 g de mandarinas
en su jugo

2 cucharadas de zumo de limón

LICHIS RELLENOS:

1 lata de 425 g de lichis,
escurridos

60 g de jengibre confitado,
escurrido y finamente picado

piel de lima cortada en rombos,
para decorar

1 Para hacer el sorbete, ponga el azúcar y el agua en un cazo, y remueva a fuego lento hasta que el azúcar se haya disuelto. Hiérvalo a fuego vivo durante 2-3 minutos.

2 Mientras tanto, bata las mandarinas en una batidora o picadora hasta obtener un puré liso. Páselo por un colador para que quede bien fino. Añada la salsa de mandarina al almíbar, junto con el zumo de limón. Deje que se enfríe.

3 Vierta la mezcla en un recipiente de plástico rígido, adecuado para el congelador, y déjela cuajar en el congelador, removiendo de vez en cuando.

4 Mientras tanto, escurra los lichis sobre papel absorbente.

5 Rellénelos con el jengibre picado.

6 Disponga los lichis en platos individuales, y sírvalos con bolas de sorbete de mandarina y adornados con rombos de piel de lima.

SUGERENCIA

Es mejor dejar el sorbete en la nevera 10 minutos antes de servirlo, para que se ablande un poco y sea más fácil extraer las porciones.

Plátano rebozado

Para 4 personas

INGREDIENTES

8 plátanos medianos	¹/₂ cucharadita de canela
2 cucharaditas de zumo	en polvo
de limón	250 ml de agua
75 g de harina de fuerza	aceite para freír
75 g de harina de arroz	4 cucharadas de azúcar moreno
1 cucharada de harina de maíz	claro

1 Corte los plátanos en trozos y póngalos en un cuenco grande.

2 Rocíe el plátano con el zumo de limón, para evitar que se oscurezca.

3 Tamice las harinas y la canela en un cuenco grande. Vierta el agua poco a poco, y mezcle para formar una pasta lisa.

4 Caliente un wok, vierta el aceite y caliéntelo hasta que casi humee; baje un poco la temperatura.

5 Pinche un trozo de plátano con un tenedor, y sumérjalo en la pasta; deje escurrir el exceso de pasta. Repita con los demás trozos.

6 Esparza el azúcar sobre un plato grande.

7 Con cuidado, deje caer los trozos de plátano en el aceite, y fríalos 2-3 minutos, hasta que estén dorados. Retírelos con una espumadera y rebócelos con el azúcar. Sírvalos en boles individuales, acompañados con nata líquida o helado.

SUGERENCIA

Puede comprar harina de arroz en tiendas de dietética o en supermercados chinos.

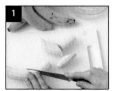

Índice